KB154127

# 돈 벌러
# 농촌으로
# 갑니다

# 돈 벌러 농촌으로 갑니다

## 서울대 농경제 박사수료생의 당찬 스마트팜 도전기

강윤영 지음

굿인포메이션

# 머리말

"꿈이 뭐예요?"

"전 농촌 가서 일할 거예요."

"농촌이 너무 좋아요."

사람들은 내게 왜 대학원까지 나와 농촌에서 생활하냐며 의 아해하거나 배운 게 아깝다고 고개를 절레절레 흔들곤 한다. 오해다. 나는 농촌에 돌아오기 위해 공부했다. 도시에 머물기 위해 공부하지 않았다. 농촌은 친구들과 어울렸던 따뜻한 공간, 부모 님과 함께 농사일을 생동감 있게 진행했던 장소, 그리고 내 꿈 을 펼쳐줄 장소다.

이 책은 내가 바라본 농촌·농업을 자랑하기 위해 쓰였다. 평 소 마음에 담았던 이야기, 직접 경험했던 이야기, 학문적 배움의 요소들을 차곡차곡 꺼내놓았다. 나 역시 글을 쓰면서 상상 속

농촌의 가능성을 다각적 시야로 보게 되었다. 농촌의 희망 가득한 이야기들을 전하고 싶었다.

내가 살아온 길은 농촌을 향한 나그넷길이었다. 베트남, 미국, 서울 등 떠돌이 생활을 했다. 덕분에 다양한 소식을 접했다. 하지만 어디서도 농촌을 긍정적으로, 살 만한 공간으로 이야기하지 않았다. 그냥 살기 힘든 곳이라고만 했다. 하지만 농촌도 변했다. D.N.A(Data, Network, AI)를 기반으로 한 스마트농업이 펼쳐지고 있다. 하지만 사용자가 적다. 농촌의 변화를 흡수할 수 있는 젊은이들이 필요하다. 농촌은 도시보다 자라야 할 곳이 많다. 그래서 변화하는 농촌의 모습을 기록하고 싶었다.

농촌을 오기 위해 창업을 준비했다. 농촌에서 먹고살 거리를 창업이라는 방식으로 풀어냈다. 농촌으로 돌아오는 길, 농촌이 잘사는 길이란 두 뜻을 담은 '농부로'를 상표 등록했다. 농부로는 내 삶의 목표였다. 이젠 농업으로 돈 벌 차례다. 그리고 생계를 위해 도시로 떠났던 청년들이 나처럼 농촌으로 돌아오길 바라는 마음이다.

실전창업교육, SNU 해동 스타트업, 여성벤처창업케어프로그램, IP 창업 Zone, aT 수출현장 코칭 등 다양한 창업교육을 접했다. 2021년에는 아버지와 함께 나노 유기셀레늄·게르마늄 농법에 대한 국내특허를 완료했다. 2021년 10월엔 농부로 미네랄 영양쌀을 출시했다. 2022년에는 미국, 베트남, 중국, 유럽에 특허출원을 냈다. 2022년 창업중심대학 예비창업패키지에서 창업의 기초를 다졌고, 부산국제식품박람회를 출전하며 소비자와 직접 만나기도 했다. 2023년엔 일본 특허를 완료했다.

2023년 드디어 농촌으로 완전히 돌아왔다. 일할 게 많았다. 부모님께 감자, 벼, 초당옥수수 농사도 배워야 했고 한국농업방송 〈나는 농부다〉에 출연도 했고, 셀레늄 초당옥수수도 출시했다. 그리고 청년창업농이 되었다. 경남웹툰캠퍼스 지원으로 지역작가와 함께 '농촌댁시골살이' 웹툰도 제작했다. 상남농협 조합원이자 밀양시 청년농업인 4-H 회원이 되었다. 경남 스마트팜 혁신밸리 4기 수강생으로 교육을 받고 있다. 지역주민과 밀양시 농촌신활력플러스사업도 진행한다. 엄청나게 바빠졌다. 하지만 농촌생활을 즐길 수 있어서 좋다.

가끔은 체력 부족으로 농촌 생활에 한계가 올 때는 "고마 마 서울 가쁘까? 다 치아뿌까?"라는 불순한 생각을 한다. 하지만 공부를 위해 기거했던 서울 생활은 고달팠고 사람들과의 관계도 깊이 뿌리내리지 못했다. 누울 공간도 비좁았고 집값은 고공행진이었다. 도시는 돈으로 해결할 수 있는 부분이 많았지만 돈을 벌기 위해 뼈 빠지는 고생을 담보해야만 했다. 자주 스스로에게 물었다. 그래서 난 농촌을 선택했다.

농촌을 향해 한 발 그리고 또 한 발 내딛다 보니 박사 수료를 했고, 농촌사업가이자 지금은 농사를 지으며 글을 쓰고 있다. 이 모든 것이 내 꿈인 농업·농촌 덕이다. 나의 이야기가 한 권의 책으로 나오는 지금, 꿈을 꾸는 것만 같다. 많은 분의 응원과 도움이 있었기에 가능했다. 처음 원고를 쓴 이후 꽤 오랜 시간이 걸렸다. 모든 것엔 때가 있듯 지금이 가장 좋은 때임을 믿는다. 스마트팜의 열기가 여느 때보다도 활기차다. 나의 이야기가 많은 이들에게 도전과 용기를 불러일으키길 기대해 본다.

글이 책이 되도록 방향을 수정해 주시고 읽기 좋은 구성, 부드러운 글로 만들어주신 굿인포메이션 편집부에 감사드린다. 마지막으로 내가 제일 사랑하고 존경하는 부모님께도 항상 감사의 마음을 전한다.

2024년 1월
강윤영

# 목차

# 2장 농촌으로 향한 청년들

# 3장 한류농업 진출기

# 4장 다시, 꿈꾸는 농촌으로

# 5장 소통의 장

# 1장

# 희망에 들뜬 농촌

# #1

"영아, 요새 사과가 금이란다."

"사과에 금칠한 거예요? 아니면 신품종이 개발되었어요?"

"아이라카이. 글쎄 말이다. 사과 값이 한 개에 2천 5백 원이란다. 그만큼 비싸단 말 아이가."

"우와~ 사과 농가 떼돈 벌었겠네요. 그렇게 비싸다카믄."

"저 집은 돈 좀 벌었다 카드만 이 짜는 망했단다."

"사과 값이 좋으면 농가가 돈을 많이 번 거 아니에요?"

"잘 들어봐라. 이번 봄에 말이다. 사과꽃이 좀 일찍 핀 거 아나? 원래 꽃이 필 때가 아닌데 먼저 폈다 아이가. 그랬다가 또 갑자기 추우니까 사과꽃이 다 얼어죽었단다. 그래서 사과가 읍단다. 생산량이 확 줄어버렸다네. 그러다보이 사과값이 금값이라고 금사과라 안카나."


그렇다. 기후위기는 더이상 영화의 한 장면으로만 끝나지 않았다. 농가들이 겪는 참혹한 현실이다. 한참 뒤 피어야 할 꽃이 폈다. 예상치 못한 매서운 칼바람은 꽃의 성장을 멈추게 했다. 열매를 맺게 하는 꽃이 떨어지자 사과 생산량은 급격히 줄었다. 가격은 비싸졌다. 운좋게 때가 맞은 농가는 이익을 보았지만, 기후변화에 대처하지 못한 농가는 손해를 보았다. 이익을 보는 농가보다 손해 입은 농가가 더 많았다. 급작스러운 기후위기는 한국농업뿐 아니라 세계 농업을 곤혹스럽게 했다.

우리 농산물을 생산하기 위한 기술이나 맛, 포장, 수확 후 관리는 더 우수해졌다. 하지만 농가의 주머니는 헐거워졌다. 이전소득을 제외한 농가소득 증가세는 도시소득에 한참 미치지 못한다고 한다. 농촌은 어떻게 기후위기를 극복할 수 있을까?

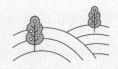

# 농촌에선 잘살 수 없을까?

경제가 발전했다. 산업의 변화도 활발했다. 국제화가 국가간 경계를 무너뜨려 물자의 이동이 자유로워졌다. 다른 나라 사람과의 교류도 활발해졌다. '세계는 하나'라는 구호를 외치기도 했다. 그러다 갑자기 전 세계가 코로나19로 혼란에 빠졌다. 유행병 단속을 위해 각 나라들은 문을 굳게 닫았다. 자유롭기만 했던 항공길, 해상길, 도로의 통행 제약이 생기며 식량 팬더믹을 겪은 지역이 우후죽순 발생했다. 2020년 최고의 백신은 식량으로 불리며 유엔 세계식량계획(WFP: World Food Programme)은 노벨 평화상을 수상했다. 일상 속 풍성함으로 제대로 취급받지 못했던 먹거리가 세계 속에서 재평가받기 시작한 것이다.

전쟁도 발발했다. 곡창지대라 불리던 우크라이나와 러시아의 전쟁으로 농업생산량에 문제가 생겼다. 세계 곡물가격 오름세는 최고치를 찍으며 애그플레이션(농산물 가격이 오르면서 발생한 물가 상승)을 발생시켰다. 사슬 가치도 변했다. 식량, 에너지, 원자재의 가장 기본적인 가격이 상승하며 시장 불안정성을 키웠다.

변화의 시기다. 변혁의 시기다. 세상은 더욱 불안정해질 것이다. 그 속에 사람들은 지켜야 할 것들을 고민했다. 가장 근본적이며 필수적인 것을 보기 시작했다. '농촌'이다. 2021년 요소수 파동 사례를 통해서 해외에서 가져오는 것만이 해결책이 아니라는 것을 깨닫게 되었다. 싼값에 중국 요소수를 써왔지만 중국이 다른 나라와의 분쟁으로 요소수 수출에 제약이 걸렸다. 그 결과 우리는 한동안 대안을 찾느라 힘들었다. 한편으론 식량이 아니라서 정말 다행이라 생각했다. 식량이 무기라는 말을 실감하는 순간이었다.

농촌의 가치를 잊고 살았다. 지난 시간 경제발전을 이뤄내느라 농촌을 잊었다. 필요한 것을 놓치며 살았다. 필수재 공급이 불안해지면서 경제성장이 주춤했다. 먹거리의 안정적 공급망 확보는 농촌을 살리기도 하지만 대한민국을 살리는 일이기도 하다. 농촌이 안정을 되찾을 때 경제도 안정적일 수 있다. 가장 기초적인 것이 가치 있는 일이다.

그래서 사람들이 농촌으로 온다. 새로운 농촌의 가치를 찾기 위해서다. 그리고 농촌의 매력에 물들어간다. 직접 보고 느끼고 만져가며 농촌을 흡수하기 시작했다. 좋은 것이 너무 많은데 그동안 농촌생활의 불편함으로 많이 가려졌다. 아직 덜 편리한 인프라가 걱정이다. 정부에서도 노력을 기울이는 듯했으나 농업계 예산은 3%에도 미치지 못했다. 이마저도 지켜내지 못할까 전전긍긍이다. 농업은 농업인들만을 위한 직업이 아니다. 농촌은 농업인만을 위한 공간이 아니다. 조금만 더 관심을 기울여준다면 도시인들도 아이들도 어른들도 엄마도 아빠도 친구도 누구라도 누릴 수 있는 공간으로 사용될 수 있다. 농촌의 가치를 돈으로 매기기에는 한없이 부족하다. 그래서 공익적 가치를 앞세운다. 국민의 배를 채우고, 홍수를 조절하고, 공기를 정화한다. 풍성한 국내 농산물 생산은 식량 가격의 안정화와 에너지 생산 활용으로 기본 경제를 안정시켰다. 그리고 사람들이 돌보지 않아 사라질 뻔한 공간을 농산물로 채워 살아 숨쉬는 공간으로 만들었다. 농촌은 수없는 가치를 농업을 통해 발산한다.

농업·농촌은 기로에 서 있다. 다양한 평가를 한다. 하지만 다들 같은 마음일 것이다. 결국은 먹어야 살고 돈을 벌어야 유지될 수 있다.

# 농업으로 연봉 1억 원 가능할까?

누구나 꿈에 그리는 연봉 1억 원이 의미하는 바는 무엇일까? 대개는 아주 능력 있는 비즈니스맨, 초를 다투는 긴박한 업무의 여정, 다양한 이해관계자들과 부딪치는 스트레스의 대가, 여가와 휴가는 사라진 지 오래인 사람이 결합한 모습으로 비친다. 농촌에서 돈이 벌려? 고개를 젓는 사람들이 다수일 것이다. 통계청이 발표한 '2022년 농가 및 어가경제조사 결과'에 따르면 농가 경영주 60세 미만의 평균 소득은 7,300만 원이다. 규모에 따라서 농가별 소득 차이는 있지만 어떤 사람들은 돈을 번다. 도시에서는 은퇴를 준비하는 나이에 그들은 돈을 번다.

한 시골 마을의 농업인 부부는 마음만 먹으면 1박 2일 여행

가는 것이 가능하다. 비가 오면 급작스러운 휴가를 즐기기도 한다. 7월, 8월이 되면 해외여행도 가뿐하다. 동네 어르신들과 종종 회를 먹으러 부산을 다녀온다. 일주일에 두 번 이상은 외식이다. 파종기와 수확기 등 일부 농번기를 제외하면 하루 근무시간은 6시간 내외다. 작물에 따라 시간이 일정하지는 않으나 새벽 또는 오후로 근무일정 조정도 가능하다. 체력만 튼튼하다면 새벽과 오전 근무를 마치고 두 번째, 세 번째 직업도 가질 수도 있다. 꿈같은 이야기 같지만 현재 내 부모님의 삶이다.

일반 회사원의 경우, 이미 퇴직했을 나이지만 농업인으로 은퇴란 없다. 스스로 그만두지 않으면 퇴직이 없는 업종을 선택한 부부는 농업을 통해 지속적인 경제활동을 할 수 있다. 무엇보다 삶에서 가장 많은 시간을 들이는 일에 대해 보람과 즐거움을 느끼며 산다. 아무것도 보이지 않던 땅에 씨앗을 뿌리면, 씨앗은 새로운 생명이 되어 숨을 쉬고 보살핌을 통해 삶이란 소중함을 전달한다. 화려한 모습으로 성장한 열매들을 수확함으로 느껴지는 보람과 감사함을 부모님은 매일 얻고 계신다. 농업을 통해 탄생, 성장, 죽음의 고리인 생명에 대해 더 깊이 배우고 느끼게 된다.

물론 한국의 모든 농업인에게 연봉 1억 원을 보장하지는 못한다. 사람들은 농업은 비용이 많이 들지만, 돈은 안 되는 고된 직업이라고도 한다. 그럼에도 어떤 이들은 연봉 1억 원 이상의 소득을 올리고 있다. 그 비결은 무엇일까?

## 끊임없는 도전으로 기술을 낳다

아버지는 1980년대 초부터 기계화 영농을 현장에 적용해 오셨다. 기계를 다루는 소질도 있을뿐더러 농업 생산성 향상을 위해 수작업보다 기계를 통한 작업 효율화에 더 깊은 관심을 보이셨기 때문이다. 주변 사람들은 기계로 농사를 지으면 토질이 나빠지고 사람이 하는 것에 비해 못 미더운 모습을 많이 내비쳤다. 하지만 결과를 통해 주변 사람들을 설득했고, 기계화 영농법이 더 나은 수익을 창출해 주는 것에 반대 의견을 내비치는 사람은 없었다.

경운기, 탈곡기, 바인더 등의 농기계가 있었지만 경제적인 여건상 구매가 쉽지 않았다. 그래서 농협 대출과 큰아버지의 도움을 받아 아버진 농기계들을 구매할 수 있었다. 예전보다 그 수가 급격히 줄긴 했으나 경운기는 소를 대신해 쟁기로 흙을 갈았고 써레질도 대신했다. 그리고 경운기의 동력장치를 활용해 농사지을 때 필요한 물을 퍼낼 수 있었으며 이동수단으로도 훌륭했다. 현재 경운기는 많은 들에서 물을 퍼내는 동력장치로 활용되고 있으며, 밭을 갈고 써레질을 하는 것은 트랙터로 대체되었다.

　벼를 심는 이앙기는 많이 알고 있을 것이다. 사람의 손을 대신해 기계의 손으로 모를 일정하게 심는 것이다. 벼를 수확할 때 사람이 직접 낫으로 벼를 베던 시기도 있었다. 그 후 리어카 위에 원동기를 실어 탈곡을 진행하기도 했고 낫을 대신해 벼를 베는 바인더가 일본에서 수입되어 사용되기도 했다.

　아버지는 1982년 동네에서 처음으로 일본 콤바인 ISEKI를 구

1980년 트랙터 시범 운행중인 아버지

일본산 ISEKI 콤바인 운전중인 아버지

입하셨다. 손으로 직접 베고 간단한 기계만 사용하던 작업에 비해 콤바인 ISEKI는 움직이기만 하면 벼를 베고 동시에 탈곡도 가능했다. 농업인들에겐 그야말로 신세계였다.

아버지의 영농대행사업은 각 지역으로 입소문이 퍼져 전국적으로 일손이 부족한 강원도, 경기도, 충청도 등에서 요청이 쇄도했다. 농업인들은 땅을 갈아엎어 달라, 비료를 뿌려 달라, 써레질을 해 달라, 경지정리를 해 달라는 등 다양한 요청을 하였다. 결국 아버지는 영농대행회사인 신한국합자회사를 설립했다. 주된 작업은 농업인들의 요구사항에 따라 트랙터로 퇴비·비료 살포, 각종 농산물 파종을 위한 망 짓기, 쟁기질 등의 업무였다. 계절, 지역, 품목별 파종 및 수확 시기의 다양성 등을 감안해 사업을 진행하였다. 특히, 강원도는 3월 말경에서 5월까지 매년 3개월간 20년간 운영했다. 오전 8시에서 저녁 10시까지 일들은 끊임없이 쏟아졌다.

영농대행사업 덕분으로 아버지의 콤바인 및 농기계들은 매년 활용이 가능했다. 이 기계들은 지역 곳곳을 누비며 익은 곡식들을 수확했다. 30여 년 이상 경영한 이 영농대행사업은 농업인들에겐 값싼 노동력과 편리성을 제공했으며 부모님에게는 농외소득(농사 이외의 소득)을 안겨주었다.

1990년대에는 한국 농기계들도 성능이 좋아져 한국에서 이

강원도 지역 영농대행사업

름있는 농기계회사인 국제회사 콤바인을 사용했다. 하지만 3년에 한 번씩 기계를 교체해야 하는 고비용으로 높은 소득을 만들기엔 한계가 있었다. 그래서 콤바인을 활용해 진행했던 영농대행사업은 중단했다. 그 대신, 농기계 개발 및 농산물 품질향상으로 사업을 변경했다. 기능을 더한 농산물 생산농법으로 대한민국의 농산물 품격을 높이는 데 일조하고 싶었다.

아버지는 늘 '농촌에서 잘 살아가는 방법이 뭘까?'를 고민하셨다. 트랙터를 다룰 때도 '어떻게 하면 조금 더 효율적으로 농사를 지을 수 있을까?'를 생각하셨다. 농기계를 잘 다루기 위해 영농교육도 다녔고 간단한 수리 등 직접 작업을 하는 경우도 허다했다. 그러다 보니 자연스레 현장에 필요한 농기계를 직접 만들어 사용하기도 했다. 논을 평평하게 만드는 평탄작업과 망짓기를 동시에 할 수 있는 '물서래'도 개발해 일의 효율성을 높였다.

배토기는 실용신안을 등록했다. 아이디어를 공유해 많은 사람이 활용토록 하기 위함이었다. 1990년대 후반에는 한 농기계 수리 회사와 합작해 감자를 심는 기계와 수확하는 기계를 개발했다. 한동네에 사는 큰아버지와 우리 가족 그리고 사촌오빠 네까지 합쳐 총 4만 평 이상의 감자를 심어야 했다. 한정된 노동력과 시간의 제약으로 기계가 만들어졌다.

감자 심는 기계를 만드는 일은 생각보다 까다로웠다. 벼를 심는 이앙기의 바퀴가 돌아가는 것을 모티브 삼아 체인에 사각형 종지기(감자 씨를 담아 넣어주는 공간)를 붙여서 발명한 감자 심는 기계는 기존 사각형 종지기로는 제대로 움직이지 않았다. 자가 발동기가 없었기에 일단 트랙터 뒤에 붙이는 방향으로 했는데 기계 무게는 가벼워야 했다. 바퀴가 헛돌지 않는 것도 중요했다. 체인과 연결된 바퀴의 회전을 통해 감자 씨가 땅으로 떨어지기 때문이다. 사각형 종지기의 불편함은 원형 종지기로 교체되었고 수월하게 일을 진행할 수 있었다.

문제는 끊이지 않고 발생했다. 감자 종자가 땅에 떨어지는 속도와 심기는 깊이를 파악해야 했다. 무게감에 따라 땅에 심기는

가족과 함께 기계 타고 감자 심은 날

감자 간격이 달라졌다. 어느 것 하나 허투루 여길 수 없었다. 사사건건 발생하였던 괴롭힘은 더 나은 생각을 가능케 했다. 덕분에 20년 넘게 기계를 활용해 심고 캐는 일들이 가능해졌다. 이는 적은 노동력으로 더 많은 수익을 창출할 수 있는 계기가 되었다.

농업은 부모님께 단순한 농사가 아니었다. 끊임없는 도전을 위한 자극제였다. 세상을 변화시키고자 농기계를 발명한 것이 아니었다. 주어진 일에 최선을 다했고 한 걸음 더 나은 방향으로 향하고자 했다. 억지로 결과를 만들려고 한 적은 없었지만, 결과는 더해졌다. 농업은 이런 꾸준함이 필요하다. 그리고 기술의 발전, 더 나은 삶은 도전의식에서 시작된다. 도전을 통해 적은 노동력으로 대량생산이 가능한 환경을 만들 수 있다. 농업생산비에서 큰 비중을 차지했던 인건비가 줄게 되자 농업에서도 남는 장사가 가능해졌다. 뿐만 아니라 기계를 사들여 365일 영농임대사업*도 동시에 진행함으로써 기계의 감가상각비를 줄이며 농외활동이 가능해 추가수익도 벌어들였다.

돈을 벌면 다른 사업을 위해 투자했다. 2006년부터 아버진 현장 실험을 해왔다. 초기에는 여러 시행착오를 겪었다. 밭 전체가 실패로 돌아가 한해 농사가 물거품이 되기도 했다. 1년 동안 열심히 일했지만 보수가 없었다는 의미와 동일하다. 계란, 쌀, 콩, 배추, 무, 감자, 옥수수, 참외 등 다양한 품목에 적용했다. 셀레늄과 게르마늄 성분 함유량에 대한 시험성적서를 하나둘 받아오셨다. 소비자들에게는 안전한 고품질 농산물을 전달하는 것과 농업인들에게는 경쟁력 있는 한국 농산물을 생산 가능하도록 시스템을 구상하는 것이 사업의 최종 목표다.

종종 10년 후, 20년 후 농촌 모습을 그려본다. 세계의 젊은이들이 가득 모여 한국 농촌을 배우기 위해 우리 마을에 살고 있진 않을까? 온·오프라인 교육이 지금보다 월등히 발전해 강남 8학군에 감히 견줄 수 없는 삶과 체험의 배움터로 인정받고 있

---

* 현재는 지역별 농업기술센터를 통해 농기계 임대사업을 진행하며 일정 요건(교육 등)을 맞추면 농기계를 저렴한 가격으로 임대할 수 있음.

진 않을까? 젊은 기업농의 출현, 농업·농촌형 비즈니스 모델의 확산, 특별한 소비자를 위한 맞춤형 농산물 생산, 삶터·쉼터 제공 등 지금은 상상치도 못한 일들이 펼쳐져 있으리라 믿는다. 농촌은 가능성이다. 도전하지 않고서는 기회와 가능성을 마주할 수 없다. 거대한 농촌 변화를 함께 이끌며 나아가는 것이 도전이라 부르고 싶다.

## 🍎 농업 인프라 개선하니, 돈된다

우리 가족이 3대째 살아가는 경남 밀양시 오산마을은 낙동강과 밀양강 하류가 만나는 곳으로 비옥한 토양과 풍부한 용수로가 있어 농사짓기에 안성맞춤인 지역이다. 마을이 위치한 상남과 하남 평야 주변은 산으로 둘러싸여 기온은 온화했고 일조량도 풍부했다. 하지만 여름철 홍수와 태풍으로 농경지와 주택의 침수가 빈번히 발생했다.

농경지는 늘 침수되기 일쑤였다. 당연히 농사는 물에 잠겨도 피해가 적은 논농사에 한정되었다. 일 년에 한 번 벼로 벌어들인 수입은 식구들의 끼니를 제공하기에도 벅찼다. 배수가 원활하지 않은 탓에 지역주민들의 고충은 이만저만이 아니었다. 여름철 잦은 홍수로 집안까지 물이 들어왔다. 잠겨버린 살림살이를 꺼내어 말리는 것도 일이었다. 비가 많이 오는 날 학생들은 학교에서 집으로 돌아가는 다리가 잠길 것을 우려해 책가방부터 정리하기 바빴다. 마을이 잠기면 배가 교통수단으로 변했다. 갇힌 주민들은 배편으로 먹거리며 생활용품을 전달받았다.

한국농어촌공사와 밀양시의 인프라 사업인 배수·용수사업이 시작되며 경지정리와 배·양수장 설치로 지역 농가와 농경지 침수가 점차 완화되었다. 배·양수장은 농업용수 활용에도 편의성을 높였다. 덕분에 인근 농가의 경영비 중 인건비, 용수 활용에 대한 재료비 일부를 줄일 수 있게 되었다. 농업인들이 직접 논과 밭에 농업용수를 투입하기 위해 인근 강에서 물을 끌어오든지 지하수를 뚫어야 했기에 큰 비용과 노력이 투입되었기 때문이다.

농업 인프라 제공으로 물관리가 다소 수월해졌고 낮은 소득의 수도작 농사에서 밭작물과 원예작물의 고수익 농사도 가능해졌다. 또한 일 년 1회로 한정된 농사가 2회 혹은 3회까지 증가하면서 농가소득은 급격히 증가하기 시작했다. 다른 지역에 비해 훨씬 높아진 소득증대는 주민들이 마을에 머무를 수 있는 동

---

* 겸업농은 1종 겸업농과 2종 겸업농으로 구분함. 1종 겸업농은 연간 30일 이상 농업 외 기타 일에 종사한 가구원이 있는 농가로 농업소득이 농외소득보다 많은 농가임. 2종 겸업농은 농업소득이 농외소득보다 적은 농가임.

기를 제공해 주기도 했다.

상남·하남 평야 지역은 현재 감자, 딸기, 고추, 수박, 연근, 옥수수, 깻잎 등 다양한 작물이 일부 기간을 제외하고 연중무휴로 생산되고 있다. 노지에서 생산했던 농작물들을 추운 겨울에도 일정한 온도로 생산 가능한 하우스 시설 재배로 변경했기 때문이다. 이제는 다양한 작물의 작부체계(한 농장에 여러 농작물을 일정 순서에 따라 재배하는 방법)로 다중 생산의 영농계획이 가능해 겸업농\*이 아닌 전업농의 수가 많다. 밀양농업기술센터에 따르면 2019년 기준 전체 농가에서 전업농 비율은 전국 58%인 것에 비해 밀양시는 83%로 상당히 높은 수준이다. 밀양시는 시설원예 등의 고수익 농작물 재배가 가능해지면서 농업만으로도 먹고살기 가능한 지역이 된 것이다.

이처럼 농업의 인프라 여건은 개선되고 있으나 시설 노후화, 급격한 기후변화로 현재 많은 농경지를 위한 추가 보수작업이 필요하다. 기존의 용·배수 인프라 시설은 주로 논농사 위주로 갖춰졌다. 농업인들의 고수익 창출을 위한 작목변경 속도보다 농업 관련 인프라를 갖추는 속도는 예산을 핑계로 따라가지 못했다. 변화된 농업 현실과 급격한 기후변화로 인해 일부 지역 농경지는 여전히 침수하고 있다.

# 🍎 인적 네트워크로 정보의 싹을 틔우다

부모님은 사람 만나기를 즐기신다. 아버지는 매일 새벽같이 논밭에 나가셔서 업무 외에도 여러 사람을 만난다. 마을사람들도 우리 밭에 있는 임시 거처용 컨테이너에 들러 커피를 마시며 휴식을 취한 후 각자 밭으로 향한다.

사람들이 즐겨 찾는 곳은 늘 실무 정보가 넘쳐난다. 오늘의 감자 가격이 얼마니, 생산비가 얼마니, 이번 작목에는 어떤 농약을 사용해야 하느니, 판매는 어느 상인에게 해야 효율적인지 등 다양한 이야기들이 오간다. 농업 현장에서 선도 농가가 어떠한 행동을 취하느냐는 정보의 표본으로 자리를 잡아 이웃 농가에 미치는 영향이 상당하다. 하지만 지역농가에만 정보가 매몰될 경우에는 우리가 흔히 생각하는 폐쇄성 짙은 농촌으로 빠질 우려가 상당히 크다.

영농대행사업으로 전국을 다니신 아버지는 각 지역 농업인, 연구진, 유통상인들과도 교류가 많으셨다. 다양한 정보들을 통해 그해 생산할 작물을 선정했다. 연도별 농작물 시세변화에 따라 옥수수, 당근, 우엉, 수박, 감자, 무 등의 농사를 지어오셨다. 다양한 이해관계자들의 정보가 아버지를 통해 지역 농민들에게 전해졌고 그에 따라 주변 농가들의 작물들도 덩달아 변경되기도 했다.

　동일 작물을 계속해 같은 땅에 심어 기르면 연작 피해가 발생한다. 이는 토양의 지력이 낮아져 바이러스 등이 발생해 생산량을 급감하게 한다. 농업인들은 농작물 생산을 위해 언제 심을 것인지, 언제 거둘 것인지 그리고 땅의 영양분 등을 고려해 농업을 경영한다.

　부모님은 2017년 감자수확 후 땅의 기력을 돋우기 위해 심을 작물을 고민하셨다. 여행 중 우연히 한 옥수수 농가를 통해 처음 접한 초당옥수수는 비린 맛이 났었다고 했다. 비린 맛을 없애기 위해 여러 방안을 고민했고 그해 곧바로 비린 맛이 나지 않는 초당옥수수를 생산했다. 이 농작물의 판매수익은 기존 옥수수보다 2~3배 높았고 그 다음해엔 많은 농가와 유통매장에 소개해 지역 내 초당옥수수 생산단지를 만들게 되었다. 초당옥수수 대량 생산지로 신문과 TV에 알려지면서 '밀양 초당옥수수'로 지역적 유명세를 치르게 되었다.

　16브릭스 이상 나오는 초당옥수수의 당도는 수박(12~13브릭스)보다 높지만 수분 함유량이 높아 다이어트 간식용으로, 생으로 먹을 수 있는 아이들 간식용으로 인기를 끌고 있다. 하지만 맛있는 건 항상 벌레가 먼저 안다고 늘 벌레들의 공격을 받기 일쑤다. 또 하나의 단점은 저장성이 좋지 않고 보관기간이 짧다.

수확기를 제때 맞추지 못하면 옥수수 알맹이의 수분이 빠져 상품가치가 단번에 하락하게 된다. 따라서 유통경로를 확실히 정하고 생산하는 것이 좋다. 수확시기가 다가올 때 판매로를 찾게 된다면 상품가치는 뚝 떨어져 영영 소비자들을 만나지 못할 수 있다.

맛있는 초당옥수수를 생산하는 바람에 부모님과 나는 〈MBN 천기누설〉과 〈KBS1 6시 내고향〉〈나는 농부다〉를 통해 초당옥수수를 소개했고 그 덕에 주문전화가 물밀듯 밀려왔다. 하지만 생산량 부족으로 모든 고객에게 전달되지는 못했다. 수확시기를 손꼽아 기다려준 고객들도 있었는데 참 죄송하고 아쉬운 상

〈나는 농부다〉 출연

황들이 벌어졌다. 상품을 전달받은 고객들이 너무 맛있다, 재주문할 수 있냐는 문의가 들어올 때는 뿌듯함이 느껴졌다. 살아있는 생물을 통해 고객과 생산자의 즐거운 만남이 이루어진 것도 정말 감사한 일이다. 하지만 직거래를 위한 수확, 포장, 정보 공지, 영수증 발급, 소비자 응대 등 다양한 업무들이 추가된다는 점을 잊지 말자.

농업은 다른 나라 사람들도 만나게 했다. 베트남을 다녀온 뒤로 많은 개발도상국에서 아버지께 농업기술을 전수해 달라는 문의가 쇄도했다. 심지어 땅을 줄 테니 터전을 옮겨 농사를 직접 지어 달라는 이들도 있었다. 우리 밭에서 한창 감자 농사를 짓던 시절엔 러시아에서 농장을 둘러보고 연해주의 넓은 땅에서 대농을 해보지 않겠냐는 제의도 받았다. 스리랑카 스님들은 직접 한국 집으로 찾아와 함께 농사를 지어보자고 권유하기도 했다.

농업을 다른 말로 표현하면 먹는 것을 생산하는 일이다. 국가는 다르더라도 사람은 같다. 먹어야만 살 수 있다. 기후와 지역별 차이는 있지만 다 사람이 하는 일이다. 국가간 교류 활성화에도 농업의 기여도는 높다. 한국도 어려움을 겪었다. 하지만 포기하지 않고 노력해 이제는 품질 좋은 식량을 충분히 생산할 줄 안다. 개발도상국들은 그것이 부러움의 대상이었다. 이제는 그들도 대한민국 농업을 배우길 갈망하고 있다.

# 변화하는 농촌 · 농업

농업은 전통적으로 가족 중심이다. 경제성장으로 농촌인구 구조에도 급격한 변화가 오기 시작했다. 특히, 한국 농촌 노동력 시장은 열악했다. 여전히 사람의 손이 필요했고, 튼튼한 젊은 인력이 절실했다. 그러나 농촌 노동력은 새로운 직장을 찾아 대다수 도시로 향했다. 남겨진 사람들은 마음만 청년인 분들이 많았다. 도시는 농촌과 반대 상황에 직면했다. 우리나라 국토 중 수도권 면적은 약 12%다. 이곳에 인구 절반이 모여 산다. 사람은 넘쳐났고 일자리와 주택 부족으로 고역을 겪고 있다. 무엇보다 대한민국 도시청년들이 일할 공간도 부족했다.

농촌은 '일할 사람'이 없고 청년은 '일할 곳'이 없는 이 아이러니한 상황을 어떻게 설명할 것인가? 경제성장이 둔화되면서 기업들의 청년 고용이 줄었다. 하지만 노동시장으로 유입된 청년의 수가 많았다. 그들은 좋은 일자리를 찾았지만, 양질의 일자리는 한정적이다. 결국 청년들이 원치 않는 일자리만 늘었다. 이러한 일자리 이중구조는 실업률을 높이는 주요 원인으로 작용했다.[1]

농촌이 바라는 인재상과 청년들이 지닌 개인역량이 어긋나며 주어진 일자리의 부조화가 발생했다. 청년들이 바라는 좋은 일자리란 무엇을 말하는 것일까? 지금도 여전히 워라밸(Work -Life Balance)을 외치며 삶과 일의 균형을 맞추기를 희망한다. 청년들에게 '일자리'는 먹고사는 금전적 문제를 해결하는 도구이자 꿈을 실현할 장소이기도 하다. 그렇다면 농촌이 돈도 벌면서 꿈을 확장할 수 있는 일터가 될 수는 없을까?

## 🍎 농업으로 창업하자

대한민국의 창업 열풍이 뜨겁다. 농업도 창업이다. 한국농업은 소농 중심이며 개인 소유 형태가 많다. 창업의 핵심 요소는 팀(사람), 자본금, 아이템으로 여겨지듯 농업에서도 경영주, 자본금(인프라), 품목(농산물)이 중요하다. 농가 경영주는 농사를 지어 유통까지 담당하는 회사 직원의 역할을 직접 소화하기도 하며 사업을 책임지는 대표 역할을 하기도 한다. 대표와 직원의 모든 역할을 한다는 면에서 농업은 창업과 유사하다.

또한 창업에서 최적의 상권과 점포를 선정해야 하듯 농업에서도 내가 선정한 품목이 잘 자라나는 토질과 양·배수 시설이 갖춰졌는지 (품목의 특혜를 받을 수 있는) 특산지로 선정이 된 지역인지에 대한 충분한 고려가 필요하다. 농산물의 특징은 (가뭄, 태풍, 홍수, 기온 변화, 해충 등) 외부 영향으로 인해 생산량을 정확히 예측하기 힘들어 가격의 등락폭이 크다. 또한 농산물의 소비패턴은 또 다르다. 품목별로 차이가 커 쌀, 곡류 등 끼니마다 먹는 상품은 소비의 지속성이 있다. 하지만 제철 농산물인 초당옥수수, 수박 등 특정 계절에만 소비되는 제품군도 존재한다. 무엇보다 내 농산물은 가격이 높은 시기에 출하할 수 있는 실력을 길러야 한다. 이들을 우리는 '고단수 농업인'이라 부른다.

농산물 유통의 판매로도 다양하게 선정할 수 있다. 기존의 농가들처럼 덜 수고로운 판매(밭떼기 판매)를 위해 도매로 상인에게 직접 판매를 할 것인지, 손품은 많더라도 조금 더 높은 이윤을 확보하기 위해 온라인으로 판매를 한다든지 발품을 팔아 직거래 혹은 홍보관 등을 통해 오프라인으로 내 고객을 만날 것인지에 대한 고민이 필요하다. 그리고 제조업, 서비스업과 결합해 새로운 비즈니스 모델을 만들 것인지, 만든다면 어떤 형태로 진행할 것인지에 대한 목표 설정이 중요하다.

요즘 농촌과 농업 관련 신문을 살펴보면 '창업농' '창농'이란 단어를 자주 접한다. 예전에는 볼 수 없었던 농업계의 신조어다. 창업농의 주역들은 다수가 청년이다. 그렇다면 청년과 농업의 결합은 무엇을 의미하는 것일까? 국립국어원에서 정의하기로는 '농촌으로 가서 새로운 영농기법을 활용하여 농사를 짓거나 새로운 농업 분야로 농사를 짓는 일, 또는 그런 농업인'으로 정의되어 있다. 창업농이란 색다른 시야로 농업을 창조해 내는 사람들이다. 급변하는 농업환경 변화 속에서 유연한 대응을 할 수 있는 농촌의 새로운 인재들이기도 하다.

창업농의 주인공으로 불릴 수 있는 '청년농'이 농업의 미래라 불리는 이유는 새롭게 변하는 지금 세대에서 기술을 받아들이는 능력과 적응력, 활용성이 우수하다는 점 때문이다. 젊음은 덤이다. 일반적으로 정의하는 '스마트팜'은 기존 농업에 위험요소를 증폭시켰던 주변 환경을 기술로 제어(빛, 온도, 습도, 이산화탄소 등)하는 것이다. 무엇보다 스마트폰이 원격도구로 활용됨으로써 스마트폰에 익숙한 청년층에서 사용범위가 확대될 것이라는 기대를 모으고 있다. 농가경제조사(2012~2016)를 활용한 연구[2]

에서도 청년농의 노동생산성(부가가치 창출액)이 전체 농가(1만 7,811원)의 2.4배 수준인 4만 2,204원으로 조사되었다. 이는 기존 농가에 비해 젊은이들의 기술적응력이 훨씬 높기 때문이다.

나 역시 농촌창업을 했다. 오랫동안 농촌으로 돌아오고자 애쓴 마음과 농촌이 잘살길 바라는 마음에서 '농부로'라는 브랜드를 만들었다. 2023년 밀양시 농업기술 명장이 되신 아버지와 함께할 나의 목표는 먹거리로 질병을 예방하고 치유할 수 있는 메디푸드로 농촌사업을 확장하는 것이다.

세계는 현재 똑똑해진 농업에 집중하고 있으며 농업도 비즈니스 생태계 안에 속한다. 배고픈 시절 생산량 증대가 주된 관심사였던 농업은 이제 산업과 산업의 융합과 함께 새로운 비즈니스 모델로 변모하고 있다. 농업(Agriculture)과 기술(Tech)의 융합은 '어그테크(AgTech)' 산업을 만들었다. 지난 10년 동안(2010~2019) 어그테크 산업 분야 투자 건수는 연평균 24.5%, 투자액은 15%의 성장률을 보였다. 글로벌 투자자들은 빅데이터를 활용할 수 있는 농장 및 축산관리 소프트웨어, 농작업의 기계화, 수직농법, 혁신식품 등에 주목했다. 국내 투자자들은 만나CEA, 팜에이트, 엔씽 등 스마트팜 기술, 친환경 그리고 건강식품 분야에 투자하고 있다.[3]

## 🍎 농촌에서 역할 커지는 외국인 노동자

오늘날 농촌에서 외국인들이 농사일을 돕는 모습은 너무 쉽게 볼 수 있는 광경이 되어버렸다. 10년 전만 하더라도 마을주민들이 일용직 노동자가 되어 일손이 부족한 농가일을 돕고 일당을 받는 일들은 비일비재했다. 그러나 농촌에도 노동력 가용 인구수는 급격히 줄었다.

옛날에는 '오야'라 불리는 일용직 노동자 책임자가 인력관리를 맡았던 때도 있었다. 지금은 농촌 노동력 감소로 인해 주로 개인이나 단체 인력회사를 통해 부족한 노동력을 충당하고 있다. 하지만 지역 내 농업인들은 대체로 파종을 하거나 수확하는 작물들이 비슷하므로 인력이 필요한 시기도 몰리는 현상이 발생한다. 결국, 노동력 공급이 수요에 도달하지 못해 인건비는 지속해서 높아지고 있다.

농촌으로 오는 인력들 대부분은 60대 이상의 내국인들과 20대 이상의 외국인 노동자들이다. 요즘엔 베트남, 중국, 태국, 캄보디아, 몽골, 네팔, 러시아 등 다양한 국가의 젊은이들이 한국 농촌에서 일하고 있다. 이는 농가마다 요청하는 노동자들의 국적이 다양하기 때문이다. 옥수수를 심거나 캘 때는 손이 야무진 동남아 노동자들을 선호한다. 하지만 비닐하우스 철제작업을 하거나 비닐을 덮기 위해 힘을 써야 하는 작업이면 러시아, 카자흐스탄 등의 노동자를 주선해 주기를 바란다.

우리 밭에도 외국인 노동자들이 옥수수를 심으러 온다. 그중 베트남인 프엉은 남편이 한국인인 결혼이주 여성으로 한국어가 유창하지는 않지만 간단한 의사소통은 가능했다. 프엉 씨 주변에는 베트남 친구들도 많았는데 친구들이 한국어를 알지 못해 종종 문제가 발생하면 나서서 도와주기도 했다. 베트남 친구들이 3년 동안 열심히 일하면 베트남에서 집을 짓거나 살 수 있는 충분한 여윳돈이 모였다. 왜 농촌에서 일하느냐고 물었더니, 도시에서는 농촌보다 임금을 조금 더 받을 수 있지만 생활비가 너무 많이 들어 돈 모으기가 힘들다고 했다.

감자 수확철 일손 돕는 외국인 노동자

프엉 씨뿐 아니라 많은 외국인 노동자들이 자신의 업무가 익숙해지면 가족구성원들을 한국으로 데려와 고용주에게 소개하고 일손이 부족할 때는 그들도 노동자가 되어 같이 일하기도 한다. 하지만 고용노동부에서는 외국인 노동자 관리나 내국민 일자리 보호를 위한 할당제를 시행하고 있어 모든 외국인 노동자가 합법적으로 농촌에서 일하기엔 다소 어려움이 따른다. 외국인 노동자를 고용한 농가에서는 숙박시설 제공 및 추가로 준비해야 할 사항들이 존재해 일반 농가에서는 생산비가 부담이다. 그래서 연중 일정하게 수입이 있는 작물재배농가나 축산농가에만 외국인 고정 노동자가 근무한다.

지인의 소개로 우즈베키스탄 출신 외국인 노동자 압둘라를 만났다. 그는 한국어를 꽤 잘했다. 그리고 직접 농가들을 찾아다니며 일자리와 잘 곳을 찾았다. 아직 젊고 꿈이 많은 친구여서 한국 농촌에 온 이유가 더 궁금했다. 그는 한국농업인들에게 선진 농업기술을 배운 후 다시 우즈베키스탄으로 돌아갈 것이라고 했다. 그리고는 땅과 농기계를 구매해 대농으로 성공하는 미래를 그린다고 덧붙였다.

그의 눈에는 열정이 가득했고 두 팔과 다리로는 성실하게 논과 밭을 일구고 있었다. 또 시간이 날 때마다 한국 농가에서 사용하는 다양한 농기계의 사용법들도 익혀 이제는 능숙하게 다룰 수 있게 되었다. 그뿐 아니라 사람을 대하는 능력도 뛰어나 자신의 나라에서 온 노동자와 한국 농가 사이에서 의견중재 역할도 담당했다. 옛날 우리 마을의 일용직 관리자인 책임자 업무를 외국인인 압둘라가 대신하게 되었다. 농촌 환경이 다문화로 전환되면서 내국인에게 한정됐던 일자리들이 외국인들에게 이전되는 현상을 종종 발견할 수 있다.

농촌의 일자리와 외국인들의 노동력은 상생하고 있다. 일자리와 노동자가 서로를 채워줌으로 지금의 농촌을 유지할 수 있었다. 한동안 사람들에게 외면당했던 한국 농촌이었지만 누군가에게는 더 나은 미래를 향한 공간이다.

# 이젠, 농촌도 디지털시대

디지털시대가 왔다. 핵심 인프라는 데이터(Data), 네트워크(Network), 인공지능(AI), 즉 D.N.A다. 정부에서도 데이터 공급과 유통, 5G를 활용한 네트워크, 인공지능 환경 조성을 위한 다양한 정책을 추진하고 있다.

2020년 7월 정부는 코로나19로 인한 저성장 돌파구로 한국판 뉴딜 정책을 발표했다. 이 정책의 두 가지 화두는 디지털과 그린 뉴딜이다. 농업과 그린의 만남은 생소하지 않다. 하지만 농업과 디지털의 만남으로 농업에서도 첨단기술과 디지털로 다변화가 진행되고 있다. 특히, 데이터를 중심으로 생산과 유통 그리고 소비 등의 다양한 분야와의 결합으로 디지털 세상의 확장을 꿈꾼다.

농업은 세계적으로 노동력 감소와 고령화, 줄어드는 경작지, 기후 위기 등 다양한 외부 요인으로 농업 환경 생태계 유지에 적신호가 켜졌다. 고령화로 늘어나는 인구에 비해 현재 생산방식은 농산물의 미래 수요량을 충족시키기엔 한계가 있다. 농촌 외부 환경은 세계화, 기후위기, 전쟁 등으로 더욱 불안해졌다. 미래에 대한 불확실성은 농촌의 가장 큰 어려움이다.

4차산업혁명의 기술들로 농업은 예측을 통해 위험요소를 줄이고 있다. 부족한 노동력은 자동화 기술을 이끌고, 농촌의 부족함은 기술로 채운다. 스마트해진 세상 덕분에 농촌생활은 안정화를 찾아갈 것이다. 디지털 농업은 정밀농업(비료, 농약 등의 투입재를 적절한 시기에 알맞은 양을 사용함으로 생산성과 환경부담을 줄이기 위한 것)과 스마트농업(ICT기술을 결합해 생산성과 효율성을 높이고자 한 것, 예: 스마트팜)에 빅데이터와 인공지능, 자동화로 다양한 정보를 활용해 농업의 지속가능성을 유지하는 것이 주된 목표라 할 수 있다.[4]

## 🍎 Data, 농촌의 미래를 보다

4차산업은 데이터 산업이다. 즉, 데이터를 활용해 돈을 버는 시대다. 농업에서 데이터로 활용할 수 있는 부분은 뭐가 있을까? 데이터는 정보다. 과거, 현재 상황을 진단해 과거를 되돌아볼 수 있으며 현재의 부족함을 측정한다. 과거와 현재의 패턴을 활용해 미래를 예측하기도 한다. 농업·농촌에서 활용하는 주요 데이터를 살펴보면, 온도, 강수량, 비료와 농약 사용량 등의 생산 데이터와 유통업체, 가공업체, 가격과 수량 등의 유통 데이터가 있다. 이러한 데이터들은 농업인들의 농업경영 의사결정에 중요한 단서를 제공한다.

빅데이터를 활용하는 대표적 디지털 농업 기업으로 미국의 클라이밋 코퍼레이션(Climate Corporation)을 손꼽는다. 구글 출신들이 만든 기업으로 1,500억 지역의 토양 데이터, 과거 60년간의 수확량, 250만 개의 지역기후 정보 등 엄청난 데이터양으로 농업인들의 효율적 의사결정을 위한 서비스를 제공한다. 주로 농기계와 농경지에 붙여진 센서에서 모인 데이터를 활용해 지역별 농법을 추천한다. 생육정보, 질병상태, 수확량 예측 등의 정보를 농가에 전달한다. 농업인은 이 서비스를 활용하기 위해 일정 비용을 지불한다. 하지만 데이터 처방을 통해 기존 경영으로 낭비된 비용 절감과 생산량 향상으로 수익 극대화를 이끌 수 있다.[5]

일본은 농업 데이터 활용도를 높이고자 노력하고 있다. 데이터를 다루는 데 있어 가장 큰 문제점은 활용도에 관한 것이다. 생성된 데이터들은 여러 부서에 산재해 있고 데이터 형식도 다르다. 일본 농림수산성은 데이터별 연계, 공유 그리고 농업인들에게 정보를 제공하기 위해 WAGRI(농업 데이터 연계 기반)를 구축했다. 생산, 가공, 유통, 소비에 걸친 농업의 전 분야에 적용 가능하다. 이 데이터 플랫폼은 정부와 민간 등 여러 기관을 통해 얻은 데이터로 농작물 생산에 필수 정보인 비료 및 농약 등록정보, 기상, 생육 예측 등을 제공한다.[6]

**〈표 1〉 WAGRI에서 제공하는 데이터 내용**

| 종류 | 내용 | 제공처 |
|------|------|--------|
| 비료 | 비료 등록 정보 | 농림수산소비안전기술센터 |
| 농약 | 농약 등록 정보 | 농림수산소비안전기술센터 |
| 지도 | 지도데이터, 항공사진 영상 데이터 | NTT 항공 정보 |
| 농지 | 농지 구획 정보 | 농림수산성 |
| | 농지 구획 형태, 용배수 정비 상황 등 | 농림수산성 |
| | 농지의 위도 경보 정보 | 전국 농업회의소 |

| 기상 | 최장 3일 후까지의 기상정보(1km 단위) | 하렉스 |
| | 최장 26일 후까지의 기상정보(1km 단위) | 라이브비즈니스 웨더 |
| | 도도부현의 광역 기상정보 | 기상청 |
| 생육 예측 | 수도작 생육 예측 시스템 | 비전 테크 |
| 토양 | 디지털 토양도(토양 종류, 분포 확인 가능) | 농연기구 |
| 기타 | 문자 필기 인식 시스템 | Edulab |

주: 2018년 12월 기준 작성
자료: 〈일본의 농업 빅데이터 활용 현황〉, 세계농업, 2019년 7월호, 한국농촌경제연구원

데이터 시대다. 넘쳐나는 데이터를 얼마나 잘 활용하느냐에 따라 농산물의 품질, 생산성, 판매가 달라질 시대다. 데이터는 강력한 도구다. 생육상태, 환경변화, 유통, 소비자들의 선호, 가격 등 모든 정보는 데이터에 속해 있다. 하지만 아직은 농업인들이 사용하기에 편리하지 않다. 빠른 시일 내 농업인들이 데이터들을 쉽게 활용할 수 있는 시스템이 구축되어 경영에 필요한 정보를 제공받을 수 있길 기대해 본다.


## 🍎 Network(5G), 사람을 모으다

정보통신기술(ICT)*은 스마트팜에 보편적으로 적용하는 기

술이다. 5G의 출현(초고속성, 초연결성, 초저지연성)으로 인해 ICT 생태계가 변하고 있다. 이 기술은 데이터 확장과 모든 사물을 연결하는 핵심 인프라다.

농촌 지역에 5G 연결망 인프라가 갖춰진다면 실시간으로 사물들을 연결할 수 있어 정밀농업을 통한 농업혁명에 가속화를 일으킬 수 있다. 농장 기기들이 클라우드를 활용해 실시간 소통하며 1초 이내 데이터 교환도 가능하게 된다. 이는 기존보다 30~60배 빠른 속도다.[7] CES(국제전자제품박람회) 2023에서 새롭게 선보인 기술이 있다. 머신러닝을 농사에 결합했다. 자율주행 트랙터를 운전하는 기술로만 그치지 않았다. 딥러닝과 데이터 분석을 강화해 토질, 자연환경을 파악해 다음해 작기에 활용할 수 있도록 했다. 이 기술을 선보인 농기계 세계시장 점유율 1위 기업인 미국의 존디어(John Deere)사의 2030년 목표는 트랙터, 파종기, 제초 살포기 등 농기계의 자율시스템 구축이다. 이를 위해 가장 중요하게 언급된 것은 기계들을 실시간 연결할 수 있는 클라우드 시스템이다.

국내에서도 도시와 농촌의 네트워크 격차를 줄이기 위한 과학기술정보통신부와 통신 3사(SK, KT, LG)의 협업 소식이 전해졌

---

* ICT(Information and Communications Technology: 정보통신기술)는 정보기술과 통신기술의 합성어로 정보를 주고 받으며 개발, 저장, 처리 및 관리하는 모든 기술을 의미함.

다. 바로 '농어촌 5G 공동이용 계획'이다. 이는 2021년 상반기 공동망 관리시스템을 개발하고 하반기에는 망 구축을 통해 2024년 상반기까지 단계적 상용화를 목표로 한다. 무선통신시설 공동이용 대상지역은 수도권 일부, 강원도, 경상도, 전라도, 충청도 등 총 131개 시·군 소재 읍면이다. 상용화 1단계는 50% 완료했으며, 2단계가 완료되면 전체 지역 75%에 5G 공동망 구축이 이뤄진다.

농촌 지역의 5G 공동망 구축과 기술로 지능형 CCTV, 자율주행차, 원격진료 등의 상용화를 빠르게 진행할 수 있다. 지능형 CCTV는 농촌지역의 절도, 범죄 등에서 농촌 주거인들의 안전

상추 따는 로봇(출처: KT그룹 블로그_일본)

을 높일 수 있다. 의료 서비스에 취약한 주민들에게 원격진료와 헬스케어가 이루어지고, 자율주행 대중교통 인프라가 완성되면 주민들의 생활수준도 눈에 띄게 향상될 것이다.[8]

## 🍎 AI(인공지능), 노동력 절감 신호를 밝히다

농업에도 인공지능 시장이 열렸다. 전 세계 농업용 인공지능 시장은 연평균 22.5% 증가해 2025년에는 26억 2,850만 달러(2017년 5억 1,870만 달러)에 이를 것으로 예상한다. 용도에 따라 로보스틱, 수확 및 토양 관리, 축산으로 분류하며 미국이 가장 높은 점유율(46%, 2016년 기준)을 보인다. 농업용 제품은 센서 및 원격 데이터를 활용해 작물 수확량 결정 및 해충 예방 제품, 드론 수집 영상을 통한 옥수수 감별 및 카운트 제품, 패턴 인식용 도구 등이 개발되었다. 국내 농업용 AI 시장은 연평균 28.7% 증가해 2025년 4,170만 달러(2017년 560만 달러)에 이를 것으로 전망한다.[9]

인공지능은 농업 생산, 스마트 유통 시스템을 갖추는 데 중추적 역할을 담당하게 될 것이다. 특히, 농장 센서를 활용해 날씨, 온도, 습도, 토양 등을 분석하며 재배환경을 개선할 수 있도록 돕는다. 또한 분석을 통해 생산요소를 적절히 투입함으로 환경오염을 줄이지만 생산량은 늘려 지속가능한 농업을 만든다. 인공지능으로 정확한 농사를 지을 수 있다면 탄소제로를 뛰어넘어 마이너스도 가능하지 않을까? 농업용 로봇의 발전으로 센서를 통해 농작물 관리, 파종, 수확 등을 스스로 시행할 수 있다고 가정해 보자. 농업인들은 이제 육체적 노동보다 데이터 분석, 농장 운영계획 등의 업무로 화이트칼라 직업군에 속할지도 모른다.[10]

인공지능으로 우리의 삶은 변했다. 편리하다고 장점을 말하는 사람들이 있는 한편, 다른 편에서는 인공지능 활용에 우려를 표하고 있다. 옳은 것, 그른 것에 대한 정의가 불분명하고 정보의 정확성에도 문제가 제기되고 있다. 우리가 직접 대면해 봤기 때문에 그들의 속도가 너무 빠르다는 것을 안다. 그만큼 인간을 대체하는 속도도 빨라질 것이다. 우리는 인공지능을 활용하는 시대로 접어들었다. 인간은 기술에 지배당하는 것이 아니라 활용하는 존재다.

# 농업은 전문 경영업이다

먹는 것이 귀했던 시절, 먹거리를 생산하기만 하면 완판이었다. 먹거리 양 늘리기에 집중했다. 그 덕에 농산물 생산 전문가는 늘었다. 국내 농산물 생산과 소비가 안정화를 찾는 듯했다. 하지만 세계 경제성장은 국내 농업에도 변화를 일으켰다. 교역 대상으로 농산물을 손꼽으며 해외 농산물이 국내로 들어오기 시작했다. 우리 먹거리 시장은 국·내외 식품으로 이미 과포화다. 요즘 소비자는 달랐다. 그들은 누가, 어디서, 어떻게 만들어냈는지에 집중하기 시작했다. 내 제품(농산물)이 팔리기 위해 내 농업, 내 농촌을 알려야 했다. 이제는 농산물도 가치로 값이 매겨지는 중이다. '잘 생산함'은 물론이거니와 '잘 파는 능력'이 필요했다. 즉, 농업은 이미 전문 경영인을 요구한 상태다.

정부는 농업전문가를 육성하기 위해 1997년 3월 한국농업전문학교를 설립했다. 2007년 한국농업대학, 2009년 한국농수산대학, 2022년에는 한국농수산대학교로 교명을 변경했다. 한국농수산대학교는 3년제 국립대학이다. 작물·산림학부, 원예학부, 축산학부, 농수산융합학부, 교양학부로 총 5개 학부 19개 전공으로 운영한다.

식량·농지·수리, 식품산업진흥, 농산·축산, 농촌개발 및 농산물 유통을 전반적으로 관장하는 농림축산식품부도 농업 전문인을 양성하고 있다. 그리고 농촌과 농업과 연계된 과학기술 연구 개발 및 보급, 농촌지도, 교육 훈련 등을 담당하고 있는 농촌진흥청도 있다.

농어업생산 기반 조성, 농어촌용수관리, 농지기금 등의 농지와 농업용수를 관리하는 한국농어촌공사 그리고 농촌 경제 및 사회를 종합적으로 조사, 연구하며 농업·농촌 정책 수립의 방향성을 제시하는 한국농촌경제연구원, 국내 농산물 유통 및 수출을 담당하는 aT(한국농수산식품유통공사)가 있다. 그리고 농업인들의 경제적·사회적 지위 향상을 도모하기 위해 경제와 신용사업등을 담당하는 농협(농업협동조합), 신기술 농업전문 교육, 지역특화작물, 신품종 육성, 지역재배 기술 등 전문 농업기술을 연구·

지도하는 도별 농업기술원, 지자체별 농업기술과 영농교육 등을 담당하는 시별 농업기술센터가 있다. 그 외에도 다양한 기관과 사람들에게 주목받고 있다.

## 🍎 농업은 모든 국가의 밑바탕

노벨경제학상을 받은 사이먼 쿠즈네츠 교수는 "후진국은 공업화로 중진국으로 발전할 수 있지만 농업·농촌의 성장을 배제하고는 선진국이 될 수 없다"라고 할 정도로 농업·농촌을 중시했다. FAO(유엔 국제식량농업기구)는 국가와 국민을 유지하기 위해 농업과 식량은 최소한의 조건이라 제시했다.

이처럼 세계는 밑바탕이 된 농업을 중심으로 산업화를 이끌고 있다. 선진국이라 불리는 미국, 프랑스, 유럽, 일본 등도 농업을 보호하기 위해 노력하며, 일본을 제외하고는 농업 수출국이기도 하다. 농업 선진국들은 농업 인구가 축소되었음에도 농업을 필수산업이라 여기고 보호한다. 그리고 첨단기술을 접목해 미래 농업을 준비한다.

농업은 국가 안보를 지키기 위해 고려해야 할 요소이다. 농업은 식량 생산을 기본으로 한다. 안정적인 식량 생산 및 공급은 국민의 기본 생존권을 보장한다. 우리나라도 1970년대 통일벼로 녹색혁명을 일으키며 식량 증산에 온 힘을 쏟았다. 농업만이 살길이라 여기던 시대가 존재했다. 배가 두둑해지자 기타 산업에도 눈을 돌릴 수 있게 된 것이다. 이로써 다양한 산업들이 발전했다.

농업은 국민을 위한 식량안보 외에도 전후방 연관 산업들에 대한 일자리 창출과 식품, 천연 화장품, 의약품 등 다양한 산업의 원재료를 제공할 수 있다. 한국은행에서 제공한 2019년 산업연관표의 취업계수*를 살펴보면 전 산업 부문 취업계수는 5.6명이다. 산업별로 구분하면 농림수산품은 20.3명으로 가장 높게 나타났다. 서비스는 8.4명, 건설은 6.5명, 공산품은 2.1명 순이다. 이는 먹거리 관련 전후방 관련 산업의 취업흡수력이 가장 크다는 것을 의미한다. 농업을 통해 다양한 일자리를 얻을 수 있다는 것이다.

농업은 우리의 밑바탕이다. 가장 기초적이며 필수적이다. 그래서 지켜야 한다. 변화의 흐름 속 농촌도 변했다. 이제는 다양해진 농촌을 만날 때다.

---

\* 취업계수: 특정 산업부문에 대한 최종수요가 10억 원 발생할 때 해당 산업을 포함한 관련 산업에서 직·간접적으로 발생하는 취업자 수.

## 🍎 다양한 산업들과의 만남

6차산업은 누구나 한 번씩 들어봤을 정도로 이제는 익숙한 개념이 되었다. 영세한 농업구조와 시장개방에 따른 농촌 생계의 어려움을 해결하고자 정부는 오랜 기간 6차산업이라는 카드를 꺼냈다. 6차산업은 1990년대 시작한 일본의 농촌활성화전략 중 하나다. 융복합산업이라 불리는 이 산업은 '1차산업 × 2차산업 × 3차산업 = 6차산업'으로 표현한다. '곱하기'로 농업의 중요성을 강조했다. 농업 없이는 2차(가공)·3차(서비스) 산업도 존재하기 어렵다는 의미다.

6차산업 주인공은 바로 농촌지역 주민이다. 이 사업 목적은 농가소득 증대와 농촌 일자리 창출이다. 지역 내 유·무형 자산을 활용해 사업한다. 도별 6차산업(농촌융복합산업)지원센터 홈페이지를 통해 자세히 알아볼 수 있다.

6차산업은 다양하게 발전했다. 산업의 참여자 특성에 따라 커뮤니티형, 프랜차이즈형, 네트워크형으로 구분한다. 커뮤니티형은 지역 주민들의 일자리 창출과 소득 향상이 주된 목적이다. 대상자는 고령자와 여성이다. 프랜차이즈형은 농업법인(본부)과 지역 영세농들과 계약재배한다. 다수 영세농은 선도농에게 생산기술을 전수받고 농산물 판로를 보장받는다. 네트워크형(농공상연대형)은 생산이나 가공기술, 유통망 등의 정보를 여러 산업간 연대하는 방식이다. 새로운 시장 개척을 통한 제품 개발, 브랜드화 등이 주요 목적이다.[11]

완주군 두레농장은 커뮤니티형 사례로 알려져 있다. 이 공동 생산농장은 마을 고령자와 귀농·귀촌자들이 함께 생산하는 방식이다. 공동농장에서 생산한 농산물은 로컬푸드 매장(건강밥상 꾸러미, 직매장 등)에서 판매한다. 참여 고령 농업인에게 월 25만 원(2011년)~47만 원(2012년)의 소득을 전달했다. 고령농에게 일자리와 함께 돈벌 기회를 제공한 것이다.[12]

〈표 2〉 농업·농촌형 6차산업 유형과 특성

| 유형 | 목적 | 방식 | 비고 |
|---|---|---|---|
| 커뮤니티형 (지역공동체형) | - 고령자·여성 일자리 창출 - 소득 향상 - 지역공동체 회복 | - 생산자 그룹이 중심 - 생산·가공·판매의 통합방식 - 참여자: 1차산업 종사자 | - 소규모 사업, 중간산지역에 적합 - 다양한 원료농산물 생산, 가공시설 확충, 판매망 개발 등이 과제 - 범위의 경제성 |
| 프랜차이즈형 (계약거래형) | - 신기술 확산 - 부가가치향상 - 판로 보장 | - 선도농가(본부)가 주도 - 선도농가와 다수의 영세농가(가맹자)간 계약거래방식 - 참여자: 선도농가·영세농가 | - 원예·축산부문에 활발 - 생산자 육성과 지역농업 진흥 효과 - 연결의 경제성 |

| 네트워크형<br>(농공상연대형) | - 신시장 개척<br>- 신가치 창조<br>- 지역순환형 경제<br>  구축 | - 제조업·서비스업이 주도<br>- 이종산업간 연대방식<br>- 참여자: 1·2·3차산업 종사자 | - 대규모산지, 대규모사업<br>  이 유리<br>- 밸류체인 형성<br>  연결의 경제성 |

자료: 〈농업의 6차산업화 개념설정과 창업방법〉, 2013.09, 한국농촌경제연구원

농촌 지역에 6차산업이 적용된 가장 큰 목적은 돈벌이다. 안정적인 농외수익을 얻는다. 예전 6차산업은 농촌 복지의 개념으로 두레농장과 같은 사례가 많았다. 요즘 농촌 6차산업은 융합이다. 생산만의 시대는 끝났다. 산업과 타 산업의 만남이 이뤄지고 있다. 농촌은 새로운 산업들을 입고 매력을 마음껏 뽐내고 있다. 사업규모 확대를 통한 비용절감과 타 산업과 융합 가능한 네트워크형이 미래 6차산업이 될 것이다.

## 나는 농촌 창작가

한국농촌경제연구원의 '2020년 농업·농촌 국민의식조사' 보고서에 따르면 코로나19 이후 은퇴 후 귀농·귀촌을 희망하는 도시인들의 응답이 2019년(34.6%)보다 2020년 41.4%로 증가했다. 도시생활에서 농촌생활로의 이주에 미친 영향으로는 고용불안과 주거비용이 크게 작용했다. 농촌생활의 긍정적인 면으로는

자연 속의 건강한 생활, 시간에 얽매이지 않는 자유로운 생활, 도시에 비해 값싼 토지비용으로 넓은 주택 소유, 저밀도 생활 추구를 언급했다.

농촌경제 발전을 위해서는 인재가 필수다. 유능한 한 사람을 통해 지역발전의 속도를 높이고 산업의 변화를 이룰 수 있다. 도시경제지리학자 리처드 플로리다(Richard Florida)는 저서 〈창조계급의 부상(The Rise of the Creative Class)〉에서 자율성과 융통성을 가지고 창조적인 일을 통해 경제적 이윤을 창출하는 '창조계급'을 주창했다. 그의 주장에서 주목할 점은 경제성장의 핵심 요소인 인재들이 직업을 찾아 떠나는 것이 아닌 그들로 인해 일자리가 따라온다는 것이다. 즉, 지역경제 성장은 창조계급인 인재들의 확보 여부와 그들이 선호하는 다양성과 개방성을 받아들일 수 있는 지역의 관용적 분위기를 통해 이뤄진다.[13]

하동군 사례는 30대 젊은이들의 성공적인 귀농·귀촌 사업가의 모범사례다. 1세대 귀향자인 슬로푸드 이종석 대표는 2세대 농촌 청년 기업가들을 육성했다. 제2세대 기업은 시골 이유식을 판매하는 ㈜에코맘이며 2018년 35명의 직원을 두며 급성장했다. 그는 제3세대 기업 ㈜요리곳간의 멘토가 되었다. 청년기업 육성시스템을 통해 후배 농촌사업가를 양성했다.[14]

이들은 한결같이 지역 내 다양한 일자리, 주택, 새로운 아이디어를 실현할 수 있는 공간적 인프라가 필요하다고 언급한다. 창조계층인 청년들이 농촌에서 살아가기 위해서는 정부와 지자체의 도움이 필요하다. 무엇보다 기초 인프라가 형성되어야 한다. 서울에서 반나절 걸리는 인터넷 수리를 고향에서는 일주일 넘게 걸렸다. 시대가 변할수록 속도가 생명인데 도시와 시골의 속도가 14배 이상 차이난다면 어떻게 청년들을 농촌으로 와서 살라고 하겠는가?

국내외 창조계층과 관련한 주요 사례들은 마을 자원활용과 산업유치 및 예술인들의 문화활동, 농촌기업 육성과 일자리 창출, 농촌지역개발 사업, 농촌생활기술 보급, 농촌기업 지원, 의료활동과 영화학교 등의 도농 교류, 관광산업으로 구분할 수 있다.

⟨표 3⟩ 국내외 지역사례

| 국내외 사례의 주요 내용 | 해당 사례 |
|---|---|
| (1) 창조계층을 활용한 농촌의 문화·예술 분야 육성 | 강원 영월, 전북 고창, 충남 홍성, 전남 구례, 중국 계림 |
| (2) 기업가적 창조계층을 활용한 농업기업 육성과 일자리 창출 | 경남 하동, 충북 충주, 덴마크 스토로스트룀 카운티 |

| | |
|---|---|
| (3) 창조계층을 활용한 농촌지역개발사업 추진 | 충남 청양, 경북 의성 |
| (4) 귀농·귀촌한 젊은 창조계층을 활용한 농촌생활기술 보급 | 전남 곡성 |
| (5) 실버(고령 은퇴자) 창조계층을 활용한 농촌기업 지원 | 미국 북케롤라이나 브레버드 |
| (6) 도농상생·교류를 통한 창조계층 활용 | 마을영화, 녹수회, 상지엔지니어링건축사사무소 |
| (7) 지역 내 창조계층 간 파트너십 구축을 통한 관광산업 육성 | 개니디 온디리오 프린스 에드워드 카운티 |

자료: 〈농촌 활성화를 위한 창조계층 활용 방안〉, 2019, 한국농촌경제연구원

농촌 지역 내 창조계층으로 구분되는 사람들 덕분에 지역 내 농산물 소비, 지역 일자리 창출, 지역경제 발전, 지역 내 기술보급 등 선순환이 발생하고 있다. 앞으로 창조계층을 통해 지속적 농촌 지역개발과 연계될 수 있다면 농촌은 새로운 활력을 맞이하는 장소가 될 수 있다. 그렇다고 현재 거주민들이 부족하다는 것은 아니다. 단지, 청년들의 새로운 시야로 농촌을 바라볼 수 있는 시대가 열렸기 때문이다. 기존 농업인들이 만들어놓은 원석들이 다음 세대를 통해 정교히 다듬어져 농촌의 아름다움을 완성해 가는 것이다.

창조계층과 어깨를 나란히 할 수 있는 로컬 크리에이터들도 있다. 내가 하고 싶은 일을 내가 살고 싶은 곳에서 한다는 것이

다. 지역 생활을 즐길 준비가 된 청년들이다. 이들은 주로 지역에서 활동하는 창작가들이며 지역 자원, 문화, 커뮤니티를 연결해 새로운 콘텐츠를 만들어 지역경제 활성화에 이바지하고 있다. 이들의 활동은 장소만 도시에서 농촌으로 이동했다. 한 사람의 인재 유입은 지역에서 큰 역할을 해내기도 한다.

로컬 크리에이터 지원 분야는 로컬푸드, 거점브랜드, 지역기반제조, 지역가치, 특화관광 등 총 7개로 구분된다. 중소벤처기업부가 선정한 '2020 올해의 로컬 크리에이터 로컬푸드 부문'은 ㈜젠틀파머스팀이 선정되었다. 이들은 소멸 위험 지역 1위인 경북 의성군에서 빈 공장을 활용해 수경재배로 새싹을 키우는 젊은 농업인들이다.

지역을 기반으로 사업하는 청춘들의 이야기는 아직도 진행 중이다. 청년들의 재능으로 농촌은 이야기 꽃 피어나는 공간, 지역 콘텐츠 활용 공간, 지역 농산물을 활용한 가공식품이 만들어지는 공간, 흥겹게 춤추는 공간으로 바뀌었다. 지역의 우수한 자원을 활용한 청년들의 도전을 지원하고자 준비된 사업이 있다. 지역 기반 로컬 크리에이터 지원사업이다. 이 사업은 창업진흥원 홈페이지(www.kised.or.kr)를 참고하길 바란다.

농촌은 새롭게 그려진다. 농촌을 새로운 시야로, 농업을 새롭게 바라보는 청년들로 인해 더욱 알차고 실속 있는 농촌으로 변신 중이다. 농촌은 누구에게나 공간을 내어준다. 무엇을 그리고 어떻게 표현할지는 도전하는 우리들의 몫이다.

# 2장

# 농촌으로 향한 청년들

# # 2

도시에 살고 있는 친구들에게 "농촌에 살면 어떨까?" 하는 질문을 던졌다. 다수가 농촌의 여유로워 보이는 생활, 아름다운 자연경관, 깨끗한 공기, 건강한 식습관 등 삶의 주변환경과 건강에 대해 긍정적인 이야기를 했다.

하지만 농촌의 다양한 이점들에도 그들은 농촌에 살진 않는다. 그래서 "그럼 무엇 때문에 농촌에서 살지 않아?"라고 재차 질문했다. 다들 한결같이 '먹고사는 문제가 해결될지 모르겠다' '농업은 육체적인 노동이라 너무 힘들 거 같다' '다양한 문화를 누리기에는 제약들이 많은 것 같다' 등 경제, 주거, 문화의 어려움을 언급했다. 농촌은 삶의 터전이 아닌 잠시 쉬었다 가는 휴식의 공간 중 일부로 인식하는 듯했다.

언론매체는 농촌의 어려운 점들만 나열하는 경우가 많다. 양파, 마늘, 쌀농사 풍년으로 인해 가격이 많이 내렸고 해외 농산물 수입량이 늘어 국내 농산물 생산가격이 더 낮아졌다는 식이다. 늘 농산물 가격이 하락하였다는 소식들만 줄지어 들려온다. 요즘 들어 농촌의 희망적인 이야기를 듣는 것은 더 힘들어졌다. 그나마 다행(?)인 것은 각종 예능에서 농촌을 배경으로 다양한 프로그램들이 방영되고 있다는 것이다. 그 덕에 귀농인들도 조금 늘기는 했지만 주로 프로그램 내용이 농촌의 다원적인 기능에 한정되어 있어 많은 아쉬움이 남는다. 과연 농촌에서 풍성히 먹고 누리는 삶은 불가능할까?

그럼에도 불구하고 농촌을 향했던, 그리고 향하고 있는 젊은이들이 있다. 그들은 농촌에서 희망의 씨앗을 발견해 끊임없이 심고 가꾸는 멋진 청년들이다. 그들은 우리나라 농업·농촌을 둘러싼 문제점에만 귀기울이지 않았다. 개인의 장점에 따라 소통, 기술, 융합의 가치를 농촌이라는 곳에 더해내기 시작했다.

'포기'가 더 어울릴 듯한 환경에서도 '도전'의 빛을 발견하여 그 자리를 묵묵히 지켜나가는 '그 청년들'이 바로 여기 있다.

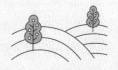

# 스마트한 생각

## 🍎 굼벵이로 사업한다! 내 고객 찾기
### - 벅스펫, 김우성 대표

    귀농인 김우성 대표는 애견용 간식을 판매하는 농촌사업가다. 그는 20대부터 10여 년 동안 서울에서 휴대폰 대리점 사업을 했다. 하지만 2014년 단통법 시행으로 지원금이 단절되자, 손님 역시 단절된 상황을 맞이했다. 빚더미에 앉게 된 그는 사업을 정리할 수밖에 없었고 길거리에서 휴대폰 케이스 판매도 해봤지만, 결과는 참담했다.

    2015년 지인을 통해 식용곤충을 접하게 되었고 식용곤충이

미래식량 해결방안이 될 수 있을 거라는 기대감이 있었다. 그는 굼벵이의 가능성을 알아봤다. 선배 농가를 찾아 사육방법을 전수받고 하판리 할머니 땅에 10평의 굼벵이 농장을 차렸다. 하지만 팔 곳이 마땅치 않았다. 사람들은 굼벵이 먹기를 꺼렸다. 가장 큰 문제는 소비자들의 거부감이었다. 과연 굼벵이가 미래식량이 될 수 있을지 의구심마저 들었다. 사람들의 먹거리로 판매하기에는 아직 부적합했다. 그러던 그는 애견용품샵을 지나가다 새로운 소비자를 발견했다. 바로 강아지였다. 굼벵이는 이렇게 애완용 식품으로 변신했다.

벅스펫은 2017년도 설립되어 2018년 12월 식용곤충 동결건조 트릿 3종을 개발했다. 한 소비자는 대표가 농부인데 한국 채소를 접목하면 어떠냐는 제안을 했다. 김 대표는 국내 사료 시장에서 국산을 활용한 사례가 드물다는 것에 주목했고 더 나아가 유기농 제품을 만들었다. 그 덕분에 박람회에서 인기를 끌었다.

초등학생 시절, 논과 들판을 휘저으면 초록색의 움직이는 생물체가 조그만 내 손에 잡혀 있었다. '메뚜기'였다. 친구들과 신나게 메뚜기를 잡아 프라이팬에 볶아 먹었다. 고소하고 담백했던 맛이 그 당시에는 거리낌이 없었다. 뷔페 메뉴에 볶은 메뚜기가 있을 정도로 그냥 흔했다. 일부 동남아시아 국가에서는 흰점박이꽃무지 유충, 장수풍뎅이 유충, 귀뚜라미 등 이색 먹거리도 있다. 식용곤충의 역사는 고대부터 시작되는데 먹거리가 충분치 않던 때 중요한 영양분이었다. 하지만 농업혁명은 다양한 음식을 제공했고, 그 결과 곤충은 더이상 매력적인 먹거리가 아니었다.

우리나라는 식용곤충을 통째로 섭취하는 것에 거부감이 있다. 김 대표는 타깃층을 애완동물을 키우는 소비자로 변경했다. 그는 애완견 식사를 만들었다. 식용곤충 분말에 말린 채소를 성분별로 섞어 장, 치아, 다이어트, 변비, 간, 신장, 눈, 코 건강을 위한 다양한 상품들을 출시했다. 식품을 판매하기 위해 소비자들의 먹거리 문화를 파악하는 것이 중요하다. 아무리 몸에 좋은 것이라도 생김새, 맛, 후각의 거부는 발생할 수 있다. 소비자들의 부정적 인식을 줄이려는 노력이 필요하다. 하지만 이를 위해서 많은 에너지와 비용, 시간이 소요된다. 시야를 넓혀 식용곤충을 즐겨 먹는 나라의 소비자 혹은 애완견들을 대상으로 수출을 고려해 볼 수 있다. 또 원재료(단백질)를 활용한 다른 산업과의 협업을 통해 사업의 확장을 고려할 수도 있다. 곤충 단백질 성분을 추출해 바이오디젤로 활용한 사례를 예로 들 수 있다.

식용곤충 산업이 장려되는 것에는 몇가지 이유가 있다. 인간의 생명이 길어지고 인구는 늘었다. 농경지들은 산업단지로 대체되었고, 먹거리를 생산할 공간은 계속해서 줄고 있다. 그래서 언젠가 나타날 수 있는 식량 대란과 단백질 공급원에 대한 해결 방안으로 제시된 것이 식용곤충이다. 식용곤충 사업의 강점은 작은 생산 공간, 짧은 생육기간, 축산업에 비해 환경오염이 낮으며 생산비가 적다는 것이다. 일부 개발도상국은 저렴한 생산비와 일반 가축보다 관리가 수월하다는 이점으로 지역 농업인에게 장려하는 사업이다.

## 🍎 아이디어 실행, 치즈와 두부가 만나면?
### - 푸르향, 김민수 대표

김민수 대표는 치우두부(치즈 맛 우유 두부)를 개발해낸 농부 사업가다. 그는 꾸준히 노력한 결과 농업기술실용화재단 '아이디어상', 전북발전협의회 '원스톱플랫폼구축 청년창업' 대상, 농협 '테드 농식품 아이디어' 우수상 등 짧은 시간에 많은 성과를 거뒀다.

경찰행정학을 전공한 그는 10여 년 동안 경찰의 꿈을 향해 준비했다. 하지만 계속된 좌절을 맛보게 되었고 결국 다른 길을 찾았다. 그의 삶은 농업과는 전혀 인연이 없었다. 무작정 고향으로 향했다. 콩으로 두부를 만들기로 한다. 처음엔 평범한 생각이었지만 점점 아이디어는 기가 막히게 자라났다. 치즈와 두부의 만남을 꿈꾼 것이다. 그는 발품을 팔며 두부 장인들을 만나고 치즈 공장에서 제조법을 익혀나갔다. 결국 '전두부' 방식으로 두부와 치즈의 완벽한 만남을 성공시켰다.

## 🍎 콩메리카노, 시장조사에서 답 찾다
### - 올나츠, 박준현 대표

국산 콩으로 새로운 상품을 개발한 또다른 청년이 있다. 콩으로 만든 커피? 짐작되는가? 바로 '콩'메리카노다. 이를 개발한 사람은 올나츠 대표 박준현 씨다. 그는 콩 비린내, 알레르기 반응, 소화 억제 부분을 없앴고 커피 제조용으로 사용하도록 오랜 시간을 들여 개발했다.

박 대표는 소비자들에게 콩 가공품에 대한 설문조사를 실시했다. 그 결과 연령층에 따른 제품 선호도 차이를 발견했다. 특히, 20대와 30대는 유전자 변형 콩 사용과 비릿한 맛에 대한 거부감이 있었다. 게다가 계약재배로만 필요한 콩을 수급하기에는 한계가 있었다. 이후에도 추가 상품들에 대한 시장조사를 지속했다. 그는 15년 동안 연구한 식물성 단백질에 주목했다. 결국 검정콩, 백태, 분리대두단백 등 6가지 원료를 배합한 식물성 단백질 쉐이크인 베이스틴을 개발하는 성과를 얻었다. 올해초 박람회에서 바이어들에게 인기를 얻어 베트남과 태국 등 해외 수출까지 계획하고 있다.

창업의 시작점은 '아이디어'다. 앞선 두 청년은 머리로는 아이디어를, 발로는 현장감을 더했다. 결국, 치즈의 발효와 두부의 굳히기 방법을 혼합한다는 기발함, 커피콩이 아닌 신품종의 콩을 활용한 대담함이 새로운 상품을 태어나게 했다.

우리나라 곡물자급률은 2015~2017년 평균 23%였으나, 2020~2022년 평균 20% 이하로 줄어들었다. 90%를 웃돌던 쌀 자급률도 2021년엔 84.6%까지 하락했다. 이와는 대조적으로 호주(327.9%), 캐나다(173.3%), 미국(121.3%)은 곡물자급률 높이기에 힘쓰며, 식량안보를 지키기 위해 본국에서 사용하는 곡물을 국내에서 생산하려 노력한다.

박준현 대표(출처: 베이스틴 네이버 스마트스토어)

자급률이 낮다는 것은 외국산에 대한 의존도가 높다는 것을 의미한다. 낮은 곡물 자급률을 높이기 위해선 생산도 중요하지만 무엇보다 국내산 곡물에 대한 소비가 더 중요하다. 개인 소비자들의 선호도가 가격이 조금 높더라도 국내산 농산물로 만든 먹거리로 옮겨간다면 농식품 제조사들도 결국 국내산 농산물을 원재료로 택할 수밖에 없을 것이다. 로컬푸드가 생겨난 것도 지역 농산물을 현지에서 소비하자는 또다른 신토불이다.

한국농업의 갈림길은 소비자 선택에 달렸다. 아무리 한국농업이 어렵다고 국산 농산물을 애용해야 한다고 주장하더라도 소비자의 선택이 없으면 말짱 도루묵이다. 한국 농식품에 소비자의 눈이 머물게 하려면 농산물도 변화가 필요하다. 젊은 청년들의 색다른 아이디어가 제품에 더해지고 소비자들의 국내산 소비운동으로 연결된다면 국내 농산물 자급률에 대한 고민이 줄 수 있다.


## 🍎 철 바뀐 고구마의 변신은 무죄!
### - 땅끝햇살찬영농조합법인, 정대웅 대표

겨울 함박눈이 펑펑 내려 손발이 꽁꽁 얼게 되는 날은 어김없이 김이 폴폴 나는 군고구마가 떠오른다. 겨울엔 역시 손을 데기 전 아슬아슬한 온도에서 호호 불어가며 먹는 군고구마가 최고인데 이제는 여름에도 군고구마를 먹을 수 있게 되었다. 그것도 차가운 군고구마를. 정대웅 대표는 겨울의 추억이 무색하리만큼 발칙한 상품을 내놓았다. 단순히 셔벗만 즐기는 것이 아니라 전자레인지를 통해 옛 모습의 군고구마도 경험할 수 있다. 하나로 두 계절을 동시에 맛보게 한 것이다.

정 대표는 아이스 군고구마를 개발했다. 10여 년 차 귀농인 그가 정착한 곳은 황토밭, 풍부한 일조량, 바닷바람 등 여러 환경조건이 고구마를 생산하기에 최적의 위치였다. 그는 농산물 가격 불안전성과 판로 등의 문제에 직면하면서 '가공'으로 눈을 돌리게 되었다.

아이디어는 한 지인으로부터였다. 시원하게 먹을 수 있는 군고구마에 대한 제안으로 영하 40도 이하로 급랭한 아이스 군고구마를 개발했다. 자연해동 시엔 셔벗으로, 전자레인지의 힘을 빌리면 따뜻한 군고구마로 변신한다. 자체브랜드 혹은 주문자상표부착생산(OEM) 방식으로 쇼핑몰에 납품했다. 그의 포부는 한철 장사에 불과했던 군고구마를 사계절 연중 즐겨 먹는 먹거리로 변신시키는 것이다. 지역산 고구마를 활용해 말랭이, 양갱, 찐빵류 등 추가 제품 출시도 구상 중이다.

농업인들이 지속적인 수익을 발생시키기 어려운 이유는 판매할 물건(농산물)이 365일 존재하지 않기 때문이다. 생육주기가 짧은 품목도 있으나 그것 또한 일부이다. 대체로 작물들은 3개월 이상 생육과정을 거쳐야만 소비자들의 먹거리가 될 수 있다. 수확시기가 끝나면 농업인들은 홀쭉해진 주머니 사정으로 다음해 수확기를 기다려야 한다. 1년 1회 농사를 짓는다고 할 때 쓰는 비용은 연속적이지만 버는 소득은 일회성이다. 돈의 유동성이 낮고 부채가 발생하는 가장 큰 이유가 바로 이러한 농업의 특수성 때문이다.

농업인들은 농업경영의 위험을 분산하기 위해 전업농으로 작부체계를 1년 2회에서 3회로 계획하기도 하고, 겸업농으로 농외소득을 올릴 수 있는 활동을 추가하기도 한다. 정 대표는 단작에 불과한 고구마 농사를 2차 가공과 연계해 추가소득을 창출했다. 또한 농업에도 다양한 부산물이 발생한다. 예를 들어 벼를 도정하면 쌀 이외에도 짚, 왕겨, 쌀겨 등을 얻을 수 있다. 짚은 가축의 사료로 활용될 수 있고, 왕겨는 친환경 바이오매스 자원으로, 쌀겨는 화장품 원재료로 쓰일 수 있다. 농산물의 부산물은 활용도에 따라 때로는 돈으로 변신하기도 하지만, 때로는 쓰레기로 버려지기도 한다.

버려지던 고구마 줄기를 활용한 기술이 뉴스에 나온 적이 있다. 고구마 몸통에 비해 줄기와 잎은 칼슘 3배, 철분 11배 그리고

(우리 몸의 세포손상을 방지하는) 베타카로틴이 200배 높게 함유되었음을 확인했다. 풍부한 영양성분을 담고 있는 고구마 잎과 줄기를 분말을 활용해 식빵으로 가공할 수 있는 기술이 농촌진흥청에 의해 개발되었다는 소식이었다. 고구마 줄기는 나물로 소비가 많이 되던 식자재 중 하나다. 하지만 소득보다 수확 시 생산비(인건비)가 더 비싸 버려지는 자원이기도 했다. 고구마의 부산물로 또다른 제품을 생산하게 된 것에는 긍정적인 반응을 보이고 싶으나 실질적 소득원(인건비 이상의 소득 발생)으로 이어지길 기대해 본다.

## 🍎 농'촌'스러움에 세련미를 더하다
### - 믿음영농조합법인, 윤영진 대표

윤영진 대표는 2대째 가업을 이으며 고품질 표고버섯에 디자인이란 날개를 달았다. 2010년 아버지의 병환으로 갑자기 대표직을 맡게 된 그는 당황했다. 돕는 농사일에서 자신의 업이 되었기에 막막했지만 해내야 했다. 그의 전공은 만화다. 자신의 강점에 집중했다. 농산물에 콘텐츠를 입혔다. 브랜드를 만들었고 제품 포장과 캐릭터를 디자인했다.

2015년 '힐팜스: 아빠의 마음'으로 건강 브랜드를 제작했다.

현재는 '믿음윤'으로 사업을 진행하고 있다. 제품 가공에도 힘을 기울였다. 원물 형태를 그대로 보존할 수 있도록 했다. 현재 판매하는 가공품은 표고버섯을 중심으로 상황, 영지, 목이버섯, 노루궁뎅이 등이다. 표고버섯 스낵도 출시하였다. 현재 각 제품은 유기가공인증, 미국 FDA를 취득할 정도로 안전성에도 힘을 들였다. 2020년도에는 해외까지 진출해 미국 아마존에도 입점했다.

아버지 세대의 농산물 품질을 물려받아 자신의 장점인 디자인을 더한 것이다. 누구나 보기 좋은 것에 유혹 당한다. 농산물도 예뻐야 사람들의 눈길을 받는다. 한국 농산물의 품질은 월등

윤영진 대표(출처: 믿음윤 홈페이지)

버섯 스낵(출처: 믿음윤 홈페이지)

하다. 하지만 거기까지인 경우가 많다. 더 나아가지 못해 더 나은 값을 받지 못한다.

농업에서도 디자인의 중요성을 알아챈 윤 대표의 판단은 적중했다. 디자인 불모지인 농산물에 자신의 색을 덧칠했다. 그리고 이름을 짓고 뜻을 담았다. 디자인으로 표현되는 것은 예쁨 더하기 농업인의 마음과 생각, 진실함, 정직함 그리고 소비자를 향한 유혹이다. 브랜드 '믿음윤'을 통해 제품의 신뢰도를 소비자에게 전달하고자 했다.

## 🍎 새로운 가치 창출, 농업에 디자인 덧대기
### - 농브릿지, 조현준 대표

조현준 대표는 기존 농업은 마케팅, 디자인, 홍보 요소가 현저히 부족하다고 판단하고 농업인 맞춤 마케팅 서비스를 준비하기로 한다. 온라인 상점을 열었고 디자인을 판매했다. 농업의 '농'과 다리의 '브릿지'인 '농브릿지'로 이름을 지었다. 농업과 산업, 농업과 전문가, 농업과 소비자를 잇는다는 의미를 담았다. 현재는 '디팜'으로 운영하고 있다.

조 대표는 강연자로도 활동하고 있다. 농업계 현실을 마주하면서 새로운 시선을 강조한다. 쉽지 않은 산업군이라 말한다. 그만큼 농업·농촌에 대한 이해가 필요하다. 생산에만 몰두했던 농업이었다. 이제는 한 단계 뛰어넘어 새로운 가치를 창출해야할 시기다. 그 역할은 농업인이 아닌 또다른 누군가에게 주어지는 시그널일 것이다.

오랜 인내의 과정을 거쳐 맛있고 건강한 우리네 농산물이 자랐다. 미국, 베트남 등 다수 국가의 농산물과 비교해 봐도 품질과 맛은 우리의 자랑거리다. 하지만 수확 후 관리와 브랜드화에는 많은 한계가 있었다. 모든 것을 농업인 혼자서 감당하기엔 역부족이다. 농촌으로 향하는 정보도 없었고 소비자와의 만남은 특히 적었다. 정보화, 디지털화, 기술의 발전은 활용할 거리를 우리 앞에 가져다주었다. 농산물 직거래를 고려중이라면 농장의 이름, 상자 패키지, 속지 등의 디자인 요소와 신선한 농산물을 소비자에게 전달할 갖은 방법들을 고민해야 한다. 내 상품을 마음껏 자랑해 많은 소비자들에게 선택받자.

농산물은 크기, 규격 등을 동일하게 생산하기란 여간 어려운 게 아니다. 그러다 보니 수확기엔 잘생긴 상품들도 못생긴 상품들도 줄지어 태어난다. 먹을 수는 있으나 외관상 약간의 문제가 있는 농산물을 내버려 두지 않은 곳이 있다. 일본의 한 지역에서는 개별 포장지 위에 눈만 그려 넣었다. 못생겼지만 아무런 이상이 없다는 문구도 적었다. '못생김'으로 본질의 가치를 잃고

폐기될 법한 농산물이 다 팔렸다. 단순한 디자인만 농산물 패키지에 그렸을 뿐이다. 하지만 소비자들은 농가의 마음을 알아챘다. 그 덕에 농가 주머니도 두터워졌다.

## 🍎 똑똑한 생각, 내 상품 찾기

앞서 소개한 청년 대표들은 기존 시각인 농업의 최종생산물을 1차인 원물로 바라본 견해에서 또다른 시각인 '가공'이라는 2차산업을 더했다. 김우성 대표는 식용곤충인 굼벵이에서 단백질 풍부한 애견사료로 탈바꿈하는 상품을 만들어냈으며, 김민수 대표는 콩의 비린 맛을 없앤 치즈 맛 우유 두부를 만들어냈다. 정대웅 대표는 기존의 상식을 깬 아이스 군고구마 상품을 개발했고, 윤영진 대표는 농산물에 디자인이란 옷을 입혀 농산물의 가치를 더욱 증대시켰다.

이들은 가공이라는 2차·3차산업 때문에 1차산업 원재료인 농업을 등한시하지도 않았다. 농촌에 연고가 없었던 김우성 대표는 직접 농가를 찾아다니며 열성적으로 굼벵이 사육방법을 배웠고, 김민수 대표는 콩 농사를 돕다 콩에 대한 아이디어를 떠올렸다. 정대웅 대표는 농업에 종사하는 아버지를 배경으로 원물생산과 사계절 소비가 가능한 제품개발에 집중했으며, 윤영진 대표는 1차 생산만으로는 어려운 농업경영을 직시하고 다양한 판로를 위한 자신의 상품에 디자인을 입혔다.

그들은 또한 기존 농업의 생산자 위주 생산방식에서 소비자 중심으로 바꿨다. 단지 농산물로만 바라봤던 한정적 시야에서 상품별 개성과 가치를 더했다. 소비자들이 상품에 대해 명확히 인지할 수 있도록 각 제품에 걸맞은 이름을 지어줬고, 이름을 얻게 된 제품들은 타깃 소비자층이 생겼다. 애완견을 가진 소비자, 두부의 비린 맛을 싫어했던 소비자, 연중 내내 고구마를 먹고 싶어하는 소비자, 명절 선물을 준비하는 소비자 등 각 대표가 더욱 집중하고 관리하는 고객들이 있었다. 그리고 여전히 그들은 고객 확대와 제품의 다양성을 위해 노력하고 있다.

# 스마트한 소통

## 🍎 크라우드 펀딩으로 내 상품 판매하기
### - 농부대첩, 김드림 대표

　김드림 대표는 영문과 출신이다. 기술이 발전할수록 번역가인 자신의 직업이 불안했다. 그러던 중 친구 집에서 평소 맛보지 못했던 '금방 딴' 토마토 맛에 반했다. 그는 농산물 유통을 창업 아이템으로 선정했다. 완전히 익힌 토마토를 서울 도심지 소비자들에게 판매했다. 그 후 발품을 팔며 농산물을 직접 선정해 소비자들에게 판매했다. 싼 가격에 충분히 익힌 아주 맛있는 과일을 접한 소비자들은 지갑 열기를 마다하지 않았다.

그는 연신 직거래만 고집했다. 그리고 크라우드 펀딩을 통해 각 농산물에 스토리를 더했다. 자신이 좋아했던 '쥐포'를 제대로 먹어보고 싶어 상품을 만들었다. 유해한 첨가물을 넣지 않은 '부끄럽지 않은 쥐치포'는 그가 원물을 직접 찾아 나서 이 상품으로만 1,700만 원 이상을 벌어들여 목표액을 초과 달성했다. 그 외에도 다양한 농수산물을 활용해 와디즈 펀딩 총 누적 판매액 6억 원, 50회의 기록을 세웠다. 그는 자신이 살기 위해 처절히 몸부림치는 중이라고 답했다.

김 대표는 현재 네이버 스마트스토어를 활용해 자신이 직접 맛본 농수산물을 판매하고 있다. 김 대표가 유용하게 활용했던 유통로는 크라우드 펀딩이다. 이는 군중(crowd)으로부터 돈을 조달받는다는 의미다. 불특정 다수로부터 자신의 아이디어(아이템)를 공감 받으면 은행을 가지 않아도 자금 확보가 가능하다.

농업계에도 크라우드 펀딩의 바람이 일었다. 농업정책보험금융원에 따르면 농식품 크라우드 펀딩 규모는 2017년 7.8억 원(30건)에서 2021년 38억 원(236건)으로 확대되었다. 농림축산식품부와 농업정책보험금융원에서는 '농식품 크라우드 전용관(www.agrocrowd.kr)'을 통해 농식품 기업 투자유치도 지원한다. NH투자증권과 농협중앙회 창업농지원센터에서도 농식품 크라우드 펀딩을 운영하고 있다. 해당 펀딩은 창업농지원센터가 청년농부사관학교 졸업생과 우수농산물 생산 농업인을 선정해 마케팅과 제작비용을 지원하는 형태로 이어진다. 2019년 5월부터 해피빈을 통해 진행해 왔고 45개월 동안 참여자는 2만 명을 넘었고, 투자금은 6억 5천만 원 이상의 성과를 냈다.

　농산물도 농촌도 창업 아이템이다. 일반 창업과 동일하게 다양한 창구들을 활용할 수 있다. 그중 하나가 바로 크라우드 펀딩을 활용하는 것이다. 이 플랫폼을 활용하면 자금 확보는 물론이거니와 내 상품에 대한 시장진출 가능성, 신규 소비자 발굴, 내 팬 확보 등 다양한 이점이 있다. 당연히 단점도 존재한다. 고객을 확보할 기회를 얻지만 잘못하면 (높은 수수료만 지출해야 하는) 홍보로만 그칠 수 있다. 또한 고객들을 일일이 대응하느라 시간이 많이 소요된다. 농업도 입소문이 중요한 시대다. 크라우드 펀딩 플랫폼(텀블벅, 오픈트레이드, 와디즈 등)마다 펀딩방식, 수수료, 타깃 고객이 다르다. 내 제품 특성에 따라 타깃고객이 많은 플랫폼을 선정해 소통창구로 활용 가능하다. 다양한 온라인 채널로 한국 농식품의 행복한 온소문(온라인 입소문)이 가득하길 기대한다.

# 🍎 시원한 농가 체험으로 소비자 유혹하기
## - 레드애플팜, 서보현 대표

무더운 여름 시원한 휴가를 보내기 위한 사람들이 영남 알프스라 불리는 밀양 얼음골로 찾아온다. 이곳에 자연환경과 사과농장을 결합해 체험활동을 벌이는 청년 농업인이 있다. 레드애플팜 대표 서보현 씨다. 지역카페, 홈페이지 등 온라인 홍보를 통해 사람들을 모으고 사과밭에서 팜파티, 팜핑, 와이너리 체험을 진행해 여름철 나들이의 흥겨움을 더한다.

서 대표는 얼음골 사과즙 가공공장도 운영하면서 주변 농가의 사과도 OEM 방식으로 가공한다. 여기에 양조장까지 갖췄다. 사과 와인, 사과 맥주, 사과 증류주까지 만들 수 있는 공간이다. 2023년 경남 제28회 농업인의 날 행사의 '제1회 경남 술도가 으뜸주 선발대회' 증류주 부문에서 레드애플팜의 '밀양40'이 으뜸주로 선정되기도 했다.

부산에서 직장을 다니던 서 대표는 50대에 아내와 함께 귀농하는 꿈이 있었다. 하지만 아버지의 건강이 급격히 악화되자 사과 농사를 이어받기 위해 2017년 생각보다 이르게 귀농했다. 급작스러운 결정이었지만 아내도 기꺼이 따라줬다. 이 청년 부부의 상품을 비롯한 체험활동 개발 등의 다채로운 영농활동은 지역 농가들에도 새로운 도전을 향한 자극제가 되고 있다.

　도시 생활이 더 익숙한 부부였지만 그들은 먼저 선배 농가들에 다가가 도움을 요청하고 배워갔다. 그리고 아버지의 농사를 배움과 동시에 새로운 상품들을 개발했다. 지역 농가들은 이 부부를 통해 농촌의 다양한 사업들을 직접 보고 배울 수 있었다. 부부는 농촌의 농촌다움을 가장 정확히 이해한 사람들이기도 했다. 농촌의 수수함, 자연 그 자체가 배경이 된 사과밭 팜파티를 열어 자연을 그대로 느낄 수 있도록 했다. 그렇게 지역 사람

팜핑(출처: 별별얼음골쇼핑)

팜파티(출처: 별별얼음골쇼핑)

들의 몸과 마음의 고픔을 달래줬다. 그 결과 사람들은 그 마음에 반응했고 그는 덤으로 사업 아이템들을 발굴할 수 있었다.

## 🍎 라이브커머스, 유튜브로 농촌에 부는 콘텐츠 바람

농산물 판로의 확장, 온라인 활성화 등으로 인해 각종 포털사이트, SNS 등을 통한 온라인 판매가 눈에 띄게 증가하고 있다. 지자체들의 극성이 더해져 지역산 온라인몰이 우후죽순으로 열렸다. 하지만 관리 미흡으로 일부 지역에서만 운영하는 중이다.

몇 년 전까지만 하더라도 고객들은 온라인 농산물 쇼핑몰을 외면했다. 직접 보고 확인하지 못하는 먹거리에 대한 신뢰 부재 때문이다. 하지만 모바일 쇼핑과 배송의 혁신으로 온라인 시장은 급증했고 일부 온라인 점포에서는 새벽배송을 진행한다. 오프라인 유통매장에 가까울 정도로 신선한 먹거리를 제공한다. 코로나19로 사람들은 온라인 마켓의 편리함을 알아버렸다. 그 결과 온라인 마켓의 성장세는 그칠 줄 몰랐다.

비대면 시대를 거치며 소비자와 판매처 간 거리는 멀어졌다. 벌어진 간격을 메우기 위해 실시간이라는 방법도 도입되었다. 장소가 어디든 소비자를 상품 앞에 가져다 놓기 시작했다. 특히, 먹거리 장사는 먹어볼 수 있어야 하고 볼 수 있어야 하고 냄새를 맡아야 판매가 잘된다. 그래서 소비자를 대신해 판매자는 직접 자신의 농장을 보여주고 맛보고 냄새도 맡아주었다. 판매자와 소비자의 즉각적인 소통이 이뤄지는 1인 방송뿐 아니라 1인 판매도 가능한 시대가 열렸다.

새로운 바람을 몰고 온 라방(라이브방송)이 그러하다. 특히 라이브커머스(네이버쇼핑라이브, 카카오쇼핑라이브 등)를 통해 진행되는 라방은 자유롭다. 그래서 더 날것처럼 보인다. 꾸며지지 않은 수수함을 고스란히 간직한 전통시장 같은 모습이 보이기도 한다. 라방은 온라인 직거래 장터가 될 가능성이 충분하다. 소비자는 생산지에 직접 방문하지 않아도 산지의 안전하고 신선한, 값도 저렴한 농산물을 구매할 수 있다. 생산자는 유통마진을 줄일 수 있어 추가 수익을 얻을 기회(온라인 수수료는 존재함)와 고객들의 반응을 곧바로 확인할 수 있다.

셀레늄·게르마늄 쌀을 판매하기 위해 그립 채널을 통해 라이브방송에 도전했다. 중소벤처기업의 지원사업을 통해 그리퍼라 불리는 전문 호스트와 함께 방송을 진행했다. 벼가 무럭무럭 익고 있는 들판을 배경으로 한 트럭 위로 상품을 진열했다. 라이브방송 콘셉트는 '6시 내고향'이다. 한 시간이 총알처럼 빨리 지나갔다. 하지만 판매 효과는 생각보다 높지 않았다. 그래도 고객들과 소통할 수 있는 시간이라 즐거웠다. 그립 채널은 사용하기

간편하다. 스마트폰만 있으면 된다. 그리고 인터넷이 잘되는 공간이면 충분하다.

먹방, 뷰티, 게임, 놀이 소개 등 다양한 콘텐츠의 1인 미디어 시대가 전 세계적으로 홍수처럼 밀려왔다. 농촌에도 관련 바람들이 서서히 불어와 농튜버(농업+유튜버)로 활약하는 농부들이 생겨났다. 도시에서는 보기 힘들던 농촌의 잔잔한 일상들인 농사짓는 방법, 농기계 다루는 방법, 귀촌의 모습 등 다양한 영상들이 보였다.

농업도 이제는 심고 가꾸고 먹고 체험하는 것을 뛰어넘어 새로운 '콘텐츠'로 활약하는 시대를 맞았다. 콘텐츠가 만들어지는 가장 큰 이유는 판매다. 즉, 농촌의 삶과 농작물의 생육에 관심을 기울여준 구독자에게 내 상품이 팔려나간다. 내가 키운 작물을 콘텐츠로 삼아 유튜브라는 매개로 시장거래가 성립될 수 있다는 점이 일반 유튜버와의 차이점이다.

유튜브를 활용해 농산물 판매에 나선 이가 있다. 바로 솔바위농원의 손보달 대표다. 그는 구독자 47만 명을 확보하고 있으며 귀농과 농사와 관련된 이야기를 주요 콘텐츠로 만들고 있다. 특히, 자신이 돌보는 농산물의 생육과정을 영상으로 전달하니 구매독자가 생겼다. 하루가 지나기 전 상품은 동이 났다. '떴다 농부' 채널을 활용해 주변 농업인들의 농산물도 판매했다.

농산물을 구입하는 것은 내 먹거리에 대한 소비자의 선택 여부이다. 하지만 장기간(3개월 이상) 땀 흘려 보살핀 농업인들의 마음을 예전에는 보여줄 수가 없었다. 싼 것에 가려지고 다양한 맛과 고객 선호도 변화 등의 이유로 해외 농산물에 파묻혀 보이지 않았다. 디지털 기술의 발전은 농민의 마음을, 생육과정을 통한 그들의 애씀이 기쁨 풍성한 수확물로 완성되는 바로 그 과정을 보여주었다. 살아있는 것을 전달하는 과정, 즉 생산자와 소비자의 유통단계에 관한 이야기는 늘 화두다.

일부 지역 농업기술센터에서는 e-비즈니스 소득창출 교육과정, 농튜버 양성 교육 등 다양한 전자상거래 교육을 일부 진행했다. 전라남도 농업기술원과 광주 시청자미디어센터의 주최로 '2019 청년 농부 미디어 크리에이터 경연대회'가 지역 농산물 홍보와 농튜버 육성을 주된 목적으로 열렸다.

강원도 정성군과 상권활성화재단은 '추석맞이 정선 2일장 가는 날' 프로그램 지역축제를 온·오프라인(라이브방송)으로 진행했다. 몇몇 지자체에서는 드라이브스루를 코로나 검사에만 사용하지 않았다. 코로나로 급식, 식당 등으로 공급되던 농산물 양이 줄어들자 피해 농가들의 농산물을 꾸러미로 만들어 판매하는 공간으로도 활용했다. 도농 교류공간도 온라인이다. 화상강의 프로그램을 활용한 체험마을 프로그램을 운영하기도 했고,

유튜브 영상을 통한 지역 공예체험 행사도 진행하는 시대가 되었다. 시대의 변화에 따라 사람들과 소통하며 교류할 수 있는 가짓수가 더 늘었다.

## 🍎 농촌 소통도 온라인 시대

이제는 인터넷 매체를 통해 소비자가 우리 농촌에 직접 와 있는 시대가 됐다. 글을 통해, 영상을 통해, 사진을 통해 그렇게 누군가에 의해 농업과 농촌은 그려지고 있다. 농촌은 마음과 마음이 통하는, 그 속에 농업인들의 진솔한 삶을 담고 있는 곳이다. 소비자들은 그런 농촌을 원하고, 귀기울이고 있다. 내가 선택한 먹거리에 대한 맛과 건강 그리고 무엇보다도 심고 자라고 수확하기까지의 모든 과정을 들여다볼 수 있게 되었다. 즉, 구매자들은 좋은 사람에게서 좋은 마음으로 길러진 좋은 농산물을 직접 선택할 기회가 생겨나고 있다.

소개한 청년 대표들은 유통변화의 흐름 속에 동참했다. 디지털의 다방면 활용으로 급변하는 유통의 세계를 잘 대응했다. 특히, 이들은 농촌을 경험했다. 김 대표는 농촌의 맛에 반해버렸고 창업 아이템을 농산물 판매로 선정했다. 그리고 고객들을 모으기 위해, 아이템을 홍보하기 위해, 자금을 모으기 위해 크라우드 펀딩을 활용했다. 서보현 대표는 지역 맘카페와 홈페이지를 통해 사람들을 모았다. 시원한 농가 체험을 사과밭과 연계해 자연을 함께 누리는 방식을 택했다. 지역 사람들은 자연에 취하기 위해 기꺼이 모여들었다. 각 대표들은 디지털시대에 자신들에게 적절한 유통망을 찾았다. 그리고 거기에 자신들의 스토리를 더했다. 또한, 청년은 아니었으나 농튜버로 활약하고 있는 손 대표의 이야기를 접했다. 주변 농가 농산물까지 판매한다. 그거다. 현대판 직거래, 앞으로의 직거래는 이거다. 디지털 직거래다.

농촌의 유통방법에도 다양한 변화가 일고 있다. 단순히 농산물만 판매하는 시대는 저물어간다. 디지털로 소통창구를 다각화시켰다. 우리 농장, 농업인 이야기 그리고 내 농산물 등 전할거리들도 많아졌다. 농촌에도 새로운 소통의 바람이 일었다.

# 스마트함을 더하다

## 🍎 성장하는 시장, 스마트팜이 뭐길래

전 세계가 눈독 들이는 스마트팜이란 무엇일까? 스마트팜코리아(www.smartfarmkorea.net)에서는 하우스, 축사 등에 ICT(정보통신기술)를 활용해 농작물과 가축의 생육환경을 원격 혹은 자동으로 유지, 관리할 수 있는 농장으로 정의한다. 즉 첨단기술을 농업에 도입해 노동력과 투입요소를 줄이고 생산량을 높이는 게 목적이다.

세계 스마트팜 시장 규모는 2023년 206억 달러(약 26조 원), 2026년에는 341억 달러(약 44조 원)까지 성장할 것으로 전망했다.

국내 시장도 2018년 4조 7,474억 원에서 2022년 5조 9,588억 원까지 성장한 것으로 추정했다. 스마트팜 시장은 국내외 할 것 없이 급속도로 성장하고 있다. 현대 농업의 문제점들을 해결하고 빅데이터, 클라우드, 자동화, 바이오 등 다양한 신산업과 연계 및 확장할 수 있는 스마트팜, 이를 미래 농업으로 인지해 지속적인 투자가 이뤄지고 있다.

스마트농업은 국가들의 지역적 특성별로 다르게 사용한다. 스마트팜의 선도국가 네덜란드는 기업과 대학이 주도하며 중앙·지방이 지원하는 형태의 농식품 클러스터(푸드밸리)를 구축했다. 200개 이상의 기업과 연구소가 협업해 농식품 산업의 기반을 다지고 있다. 불리한 네덜란드의 농업환경을 첨단화, 규모화된 유리온실로 극복하고 있다. 농업의 불리한 조건들을 스마트한 기술들로 보완한 것이다.[15]

독일은 '농업 4.0'을 앞세워 정밀농업과 농업 디지털화를 목표로 했다. 독일은 우수한 GPS 데이터 기술을 활용해 농기계 작업의 효율화와 에너지를 절감을 꾀한다. 그리고 기본 인프라를 갖추지 못한 농업지역에 스마트팜 활용을 위해 디지털 플랫폼을 도입하는 중이다.[16] 미국은 토지가 광활한 만큼 정밀농업, 로봇, 빅데이터, 농업용 드론 등을 적용해 노지 분야 스마트 기술을 선도한다. EU(유럽연합)는 지속가능한 성장을 하기 위해 농업

인, 전문가, 기업, NGO 등 이해관계자들과 협력해 스마트농업과 정밀농업에 대한 연구를 진행한다.[17]

이스라엘은 농사짓기에 아주 척박한 지역이다. 하지만 그들은 단점을 장점으로 승화시켰다. 바로 농업용수, 토지 등의 제한된 자원과 비용을 아낄 수 있는 기술을 개발했다. 이스라엘은 지리정보시스템을 활용해 농업용수를 관리한다. 센서를 통해 식물 성장을 자동 측정한다. 이스라엘 히브리 농대는 토마토 재배에 자동관계시스템을 도입시키며 수확량은 최대 40% 늘리면서 물은 60% 이상 절약하는 결과를 얻었다.[18]

기술은 국가의 장점을 돋보이게도 하고 때로는 단점을 보완하기도 한다. 세계는 인간과 가축의 수 과부하로 식량과 자원 부족이 발생했다. 이런 현실을 앞두고 국가들의 반응은 달랐다. 넓은 토지와 데이터 활용에 강점을 가진 미국은 노지, 정밀농업 등에 집중했고, EU는 주변 각국 전문가들을 한곳에 모았다. 농업강국이 될 수 없는 구조였던 이스라엘과 네덜란드는 기술로 열악한 환경을 보완했다. 그리고 농업 강대국이라는 타이틀을 얻게 되었다.

한국정부는 스마트팜 개발 및 보급을 2014년부터 추진했다. 우리나라의 스마트팜 발전단계는 총 3세대로 구분한다. 1세대 기술은 인터넷을 활용해 스마트폰으로 모니터링과 원격 조절

〈국내 스마트팜 기술 단계〉

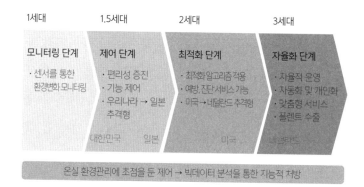

| 1세대 | 1.5세대 | 2세대 | 3세대 |
|---|---|---|---|
| 모니터링 단계 | 제어 단계 | 최적화 단계 | 자율화 단계 |
| ·센서를 통한 환경변화 모니터링 | ·편리성 증진<br>·기능 제어<br>·우리나라 → 일본 추격형 | ·최적화 알고리즘 적용<br>·예방, 진단서비스 가능<br>·미국 → 네덜란드 추격형 | ·자율적 운영<br>·자동화 및 개인화<br>·맞춤형 서비스<br>·플랜트 수출 |
| | 대한민국    일본 | 미국 | 네덜란드 |

온실 환경관리에 초점을 둔 제어 → 빅데이터 분석을 통한 지능적 처방

출처: 〈4차산업혁명과 농업생명 혁신 전략〉, 4차산업혁명과 농업·농촌 변화 전망, 2017, 농림식품기술기획평가원

을 할 수 있다. 기존 농업보다 편의성은 높였으나 데이터를 직접 활용해야 하는 제약성으로 고령농의 접근이 어려웠다. 2세대 기술은 인공지능, 빅데이터를 활용해 생육정보를 수집하고 의사결정을 지원해 생산성을 향상시켰다. 3세대 기술은 소재기술과 신재생에너지를 활용한 복합에너지 관리와 자동화가 가능한 시스템으로 지능형 농기계, 로봇을 떠올릴 수 있다. 우리나라 스마트팜 기술의 농가 적용단계는 1.5단계, 연구단계는 2.5단계까지 도달했다.

기술혁명은 우리나라 농업기술도 동시에 발전시켰다. 4차산업의 핵심기술은 IoT(사물인터넷), 빅데이터 분석, 인공지능, 딥러닝 등이다. 이 기술들은 자율주행농기계, 무인드론, 컨설팅 기술, 정보제공 기술, 농장 자동제어 앱 등에 활용한다. 농업의 생산, 유통, 관측 등 다양한 분야의 기술들이 개발 중이거나 완료했다. 농업도 미래성장산업에 포함해야 한다. 이를 위한 혁신전략 세부내용은 농가별 맞춤형 지원(테스트 베드 활용, 행정절차 일괄처리), 인력육성, 민간투자 활성화, 농업인을 위한 농업용 앱 개발 및 보급, 기술개발 및 보급확대를 위한 인프라 구축, 거버넌스 체계 구축 등이다.[19]

**〈표 4〉 농업부문 4차산업 기술**

| 주요기술 | 분야 | 농업부문 적용 가능 기술 |
|---|---|---|
| 사물인터넷 (인공지능) | 생산 | IoT 기반 스마트팜을 통한 원격·자동 농작물 재배 |
| | | 딥러닝 등 인공지능 기술 탑재를 통한 최적 재배 |
| | | 동물 체내 삽입형 센서를 활용한 동물 건강·질병 관리 |
| | 유통 | 자동선별정보, 입·출고관리, 수발주, 배송 등 농식품 유통 이력관리 |
| | 식품 | 기능성 식품개발, 안전관리 및 IoT 기반 기술 활용한 메뉴판 활용 |
| 로봇 (무인자동화) | 생산 | 무인자동화 기술을 활용한 식물공장 |
| | | 자동 육묘 및 파종 로봇 기술 |
| | | 무인주행기술을 활용한 노지작물 방제 및 축사 청소 로봇 |
| | | 탐색 기술을 활용한 무인 수확기 등 작업기 |
| | | 이미지 탐색 기술을 활용한 생육 정보 자동 취득 |
| | | 농작업 보조 로봇을 활용한 노동 절감 및 작업패턴 분석 |

| 드론<br>(무인기) | 생산 | 드론(무인기)을 활용한 방제 |
| | 관측 | 원격탐사, 드론 및 빅데이터 기술을 활용한 산지 작황 정보 관측 |
| | 질병 | 드론을 활용한 작물(산림) 질병 등 예측·탐지 |
| 빅데이터<br>(클라우드) | 생산 | 스마트팜 환경·생육정보 활용 최적 재배환경 컨설팅 |
| | 소비, 유통 | 빅데이터 기반 소비자 농산물 구매 성향 분석 및 직거래 유통 지원 |
| | 질병 | 질병 방역대 및 차량이동 등의 빅데이터 분석을 활용한<br>축산 질병 발생 예측 및 분석, 방역관리 |
| | 관측 | 빅데이터 정보를 활용한 영농정보 종합 지원, 스마트팜 맵,<br>공간정보 기반의 빅데이터 활용 |
| 나노·바이오 | 생산 | 분광 스펙트럼을 활용한 이병 종자 및 유전자 변형 농산물 관리 |
| | 질병 | DNA 등 유전자 분석 기술을 활용한 축산 질병 탐색<br>나노 및 핵융합 기술 활용 축사·산지유통시설의 유해 환경요소 관리 |
| | 소비 | 유전자 분석기법 및 패턴분석 기술을 활용한 원산지 식별 |
| 기타 | 소비 | 3D 프린팅을 통한 소규모 판매, 농산물 포장재 개발 |
| | 에너지 | 가축분뇨, 발전소 폐열, 신재생에너지 등을 활용한<br>에너지 저장(ESS) 및 통합(EMS) 관리기술 |

출처: 〈4차산업혁명 대응 스마트팜 기술 및 정책 동향〉, 융합연구리뷰 March vol.4, 2018, 융합연구정책센터

2018년 4월 농식품부는 제5차 경제관계장관회의를 통해 정부의 혁신성장 핵심 과제 중 하나로 스마트팜 확산 방안을 발표했다. 스마트팜 확산을 위한 주요 정책과제로는 청년 창업생태계 조성, 산업 인프라 구축, 스마트팜 혁신밸리 조성 안을 제시

했다. 2019년부터 청년창업보육센터 4개소를 지정했으며 매해 200명 이상의 보육생이 교육받는다. 스마트팜 혁신밸리는 청년 창업보육센터, 임대형 스마트팜, 학습형 농장 등 생산과 경영, 교육이 함께 운영 가능한 원스탑 지원 형태로 운영한다.

스마트팜을 두고 찬반의 여론은 끝없다. 기존 농민들의 가장 큰 우려는 농산물 가격이다. 지금도 여전히 농산물 가격은 불안 정하다. 하지만 스마트팜 적용으로 (일부 품목의) 생산량이 급증 해 국내 농산물 가격이 낮아질 것을 우려한다. 또한, 기존 농업 보다 고가인 스마트팜 생산비로 농가부채가 더 높아진다는 것이다. 그리고 생육에 필요한 데이터가 충분히 축적되지 않은 상태에서 스마트팜 혁신밸리 사업을 시행한다는 것은 현실성을 제대로 반영하지 못했다는 의견이다.

전 세계 농업 변화의 흐름을 파악하기 전까진 나 역시도 스마트팜의 실효성에 대한 의문이 많았다. 값비싼 인프라에 비해 생산량 증가로 최종 농산물 가격이 하락하거나 동일하면 투자대비 순수익을 보장받을 수 있을까? 단순히 스마트팜을 인프라로만 활용한다면 경제성이 낮을 수 있다. 많은 농업인이 우려하는 부분이다. 동의한다.

하지만 미국, 네덜란드처럼 스마트팜을 단순히 인프라로 접근한 것이 아니라 데이터, 열악한 기후의 보완기술 등으로 장점은 살리고 약점은 보완할 수 있는 기술로 바라본다면 상황은 달라진다. 결국엔 생산뿐 아니라 종자부터 생산-유통-소비 농업의 전 과정을 보완하는 방안이 스마트팜 기술들로 다양하게 적용되어야 한다. 스마트팜 사용자는 인프라에만 의존할 것이 아니라 관련 기술을 끊임없이 배워 써먹는 자신만의 기술로 습득할 수 있어야 한다.

2023년 경남 밀양 스마트팜 혁신밸리 4기 교육생이 되었다. 입문 교육과정 2개월, 교육형 실습 6개월, 경영형 실습 12개월로 총 20개월의 교육과정을 거친다. 입문 교육은 주로 강의를 듣는다. 교과목은 스마트팜 시설 및 환경제어, 작물 생육, 농업경영 등을 포함한다. 교육 수료 후 수행실적 우수자 대상으로 임대형 스마트팜 입주 우선권 부여, 청년농업인 스마트팜 종합자금 대출 신청자격 부여, 청년후계농 선발 시 가점 부여 및 후계농업경영인 선발인원 별도 배정 등 이점이 있다.

나의 지역과 환경에 적합한 스마트팜은 선택이 아니라 필수인 시대가 올 것이다. 네덜란드와 미국처럼 대한민국도 농업인들을 위한 스마트팜 기술이 필요하다. 한국의 지역적 특성은 사계절이 존재해 일정한 온도와 광을 유지하는 냉·난방비 절감기술이 필요하다. 또한, 높은 생산비를 감당할 수 있는 고소득작물도 개발되어야 한다. 결국엔 농업인들은 스마트팜으로 '비용’을 지출하지만 수익은 ‘농산물’에서 발생하기 때문이다.

아직 스마트팜이 완전한 기술을 가진 단계는 아니다. 하지만 우리는 미래 농업에 대한 투자로 스마트팜 활용성에 대해 눈여겨볼 필요가 있다. 세계는 변했다. 환경이 변했다. 그래서 농업도 변해야 한다. 미래 농업을 준비해야 할 시기다. 준비하지 않으면 한국농업의 미래는 보장할 수 없다.

## 🍎 농사가 수월해졌다
### - HS플라워, 홍해수 대표[20]

홍해수 대표가 운영하는 HS플라워는 정보통신기술이 설치된 농장이다. 또한 일회용 절화 카네이션을 화분 형태로 최초로 개발해 판매한 곳이다. 그는 아버지가 운영하는 꽃을 인터넷으로 판매하기 위해 전자상거래학과로 진학했다. 그리고 원예학과로 다시 옮겨 2013년엔 ICT 융복합 시설을 농장에 도입했다.

스마트팜 도입 후 노동력 절감 효과로 현장 노동자가 10명에서 4명으로 줄었다. 그만큼 일거리가 줄었다. 화훼농사 중 물을 공급하는 일은 고되다. 하지만 자동화를 통해 거뜬해졌다. 또한 그는 양액재배가 가능한 화분을 자체적으로 개발했다. 그의 농장은 국화, 제라늄 품종들의 작은 실험실로 변신하기도 한다. 농장에서 생산된 꽃을 인터넷 주문으로 소비자에게 직접 배송한다. 주로 생산하는 품목은 제라늄과 카네이션이다. 농장임에도 일반 회사처럼 업무를 나눴다. 생산부는 농장 시스템 환경과 데이터를 관리한다. 판매부는 온·오프라인을 통합해 고객관리를 진행한다. 포장부는 최종 고객에게 전달할 물건을 포장 후 발송하는 업무를 담당한다.

스마트팜을 대하는 자세는 농업인들마다 다양하다. 하지만 추가 인프라를 설치함에 따라 부담되는 비용을 줄이는 것이 급선무다. 비용을 비용으로 줄일 수 있다. 즉 추가로 들었던 기존 인건비, 나에게 주어지는 업무량, 작물의 환경 최적화 등을 통해 농업 투입재 절감 등 생산비를 줄일 수 있다. 나의 업무량을 줄여 다른 활동을 한다. 그래서 스마트팜이 익숙해지면 제2의 직업이 가능하다. 홍 대표는 남는 시간에 온실에서 다양한 연구를 했다. 내 상품의 값어치를 높이기 위해 끊임없이 공부했다. 상품을 상품답게 만들기 위한 노력이었다.

스마트팜을 설치했다고 해서 끝이 아니다. 이제부터 시작이다. 결코 거저 주어지는 것은 없다. 나에게 주어진 환경을 얼마나 최대한으로 그리고 효율적으로 활용할 것인가를 고민해야 한다. 미래 농업은 농업경영의 전략에서 비롯한다.

# 뒤처진 농업기술, 스마트팜으로 따라잡자
## - 따옴 농장, 황종운 대표

황종운 대표는 4천 평(1만3,200㎡) 면적에서 토마토를 재배하고 있다. 그는 스마트팜 1세대다. 귀농하기 전 남들이 부러워하는 대기업을 다녔지만 베테랑 농업인 아버지께서 국내 화훼시장 위축으로 어려움을 겪었다. 그는 아버지를 돕기 위해 고향으로 향했다. 그러던 중 남들과는 다른 농업을 하고 싶어 네덜란드 스마트팜을 독학했다. 2년 동안 적자가 났지만 포기하지 않고 다시 공부했다.

농업기술센터, 주변 농가에서 스마트팜 교육 수업을 열심히 찾아 들었다. 포기하지 않고 끈질기게 학습한 덕분에 안정적으로 운영할 수 있었다. 스마트팜 시설을 통해 수확량은 20% 증가하였고 노동력은 감소했다. 그리고 원거리에서도 생육환경을 손쉽게 작동할 수 있어 현재는 워라밸을 즐긴다.

황 대표는 스마트팜 도입을 통해 기존 농가보다 뒤처진 농업기술을 메울 수 있었다. 스마트팜에 무조건 뛰어들기보다는 공부가 우선이라고 했다. 내가 아는 만큼 활용이 가능하다는 것이다. 1세대 스마트팜은 현재 기술보다도 제공되는 기술이 낮아도 품질 및 생산성 향상, 노동력 절감 등 다양한 이점은 동일하다.

무엇보다도 개인 여유시간 확보가 현대 생활에서 가장 부러운 대목이다.

각종 산업이 발달함에 따라 농업에 접목되는 기술들은 더욱 다양해지고 있다. 스마트폰과 컴퓨터 사용으로 각종 정보 습득에 부담 없는 젊은 농부들은 다양한 기술을 농업에 적용한다. 스마트팜은 발전 중이다. 아직 완벽하지 않다. 그래서 다양한 방법들이 시도되고 있다. 어쩌면 스마트팜은 고비용으로 기존 농업보다 진입장벽이 높아 보일 수 있다. 그래서 먼저 터 닦은 사람에게 미래 농업에 대한 기회가 많아질 수 있다. IT강국 대한민국이란 표어에 걸맞도록 농업 부문에서도 IT와 첨단기술이 적용된 기술로 저비용으로 고소득을 벌어들이는 차세대 농업 시대가 곧 열리길 기대한다.


## 현대판 축사, 데이터로 돼지관리
### - 로즈팜, 김학현 대표[21]

김학현 대표는 일반 축사의 편견을 깼다. 컴퓨터를 수시로 확인하며 업무를 진행한다. 농장은 큰 건물로 지어져 농장보다도 기업이라 불릴 만했다. 그는 ICT 기술을 적용해 자돈사액상급이기, 포유모돈자동급이기, 자동환기시스템 등 건물 내 설비들을 첨단시설로 운영한다. 지속가능한 경영을 하기 위한 투자다. 감으로 키우던 돼지를 데이터로 키우고 있다.

그는 온도와 습도의 변화에 따라 적절히 제공해야 할 사료량도 단번에 해결했다. 축사 환경을 조절할 수 있다는 큰 장점을 활용해 사육 환경을 최상의 상태로 맞추었다. 비용절감 효과도 볼 수 있었다. 기존 축사들의 큰 골칫거리인 분뇨악취 문제를 '바이오필터'를 활용함으로 개선해 나갔다. 퇴비발효건조장, 분만사, 자돈사 등 총 5개의 돈사를 운영하며 1,300마리의 모돈을 키우고 있다.

군 대체 복무, 학비가 무료인 한국농수산대학을 알게 되었고 곧바로 축산과에 진학했다. 당시 그의 부모님 농장과는 비교할 수 없을 만큼 대규모 농장에서 활동 중인 동기들이 자극제가 되었다. 대학 졸업 후 100마리로 양돈을 시작했다. 이후 양돈의 선진국으로 알려진 네덜란드와 덴마크 등에서 교육을 받았다. 국내 교육은 말할 것도 없었다. 농장 신축에서 그의 손이 닿지 않은 곳이 없다. 김 대표는 사료 급여와 환기와 관련된 데이터를 활용해 출전한 '2020 스마트농업 빅데이터 활용 우수사례 공모전'에서 농가 우수사례부문 대상을 거머쥐었다.

누구나 시행착오를 겪는다. 그는 말했다. 직접 겪어봐야 한다고. 김 대표도 수많은 시행착오를 겪었다. 배움을 통해 자신의 농장을 완성했다. 기존 농장은 배설물이 여기저기 펼쳐져 악취로 코를 막는 장면부터 상상하게 된다. 하지만 그의 농장은 달랐다. 기술을 최대 활용함으로 농장의 분뇨처리, 환기 문제, 적정한 사료 급여 등의 어려움을 보완했다. 그래서 특별한 축사가 되었다.

앞으로 우리가 마주할 농업은 기술활용에 따른 성패로 많이 좌우될 것이다. 특별히 축산 분야에 스마트팜 적용이 활발한 것에는 이유가 있다. 스마트 축사는 생육환경과 가축의 상태를 내·외부를 통해 측정할 수 있다는 장점이 있다. 센서를 통해 측정된 값들은 사료 급여량, 물의 양 조절 등 최적의 사육환경을 유지할 수 있도록 돕는다. 이제는 축산도 데이터로 관리한다.

## 🍎 노지에서도 스마트팜, 드론과 자율주행 트랙터로 농사짓기

농업과 드론이 만났다. 농업용 드론은 고령화된 농업노동력을 대신해 파종, 농약 살포, 작물 모니터링 등에 다양하게 사용한다. 지자체에서는 농업용 드론을 홍보하기 위해 몇 년 전부터 농촌 길가에 드론 및 무인 항공기 방제와 관련된 현수막을 설치했다. 특히, 농약 살포로 인한 농업인들의 건강 우려를 해결할 방안과 노동력 절감을 위한 활용도가 높아졌다.

경상북도에서는 도내 청년농업인들로 총 52명 8개 단으로 연합방제단을 구성했다. 경상북도 농업기술원장은 청년연합방제단을 통해 일손 부족, 잦은 기상변화에 적시에 방제하기 힘든 고령농가를 우선 지원하는 것이 주요 목표라 언급했다. 고령군은 농촌 유휴시설 활용 창업지원 사업에 선정되었다. 농촌지역의 폐교를 활용해 '청년농업 드론 학교'로의 변신을 시도하는 것이다. 학교에서는 기술 교육, 농산물 방제 등 농업에 활용하는 드론 수업을 제공할 예정이다.

연합방제단을 활용하면 급속도로 확산하는 병충해 피해에 신속하게 대처할 수 있다. 또한, 지역의 협소함으로 무인헬기로

2022년 청년농업인 드론방제단 병해충 방제 시범사업

도 방제가 힘들었던 지역과 장애물로 인해 방제가 힘들었던 곳에도 유용하게 활용한다. 드론의 활용도는 해를 거듭할수록 다양성을 덧입고 있다. 방제가 주된 용도였던 드론은 이제는 볍씨, 조사료 등을 파종하기도 하며 비료를 직접 살포한다. 드론의 농업 부문 활용도는 더욱 넓어지고 있다. 하지만 농업용 드론을 조종할 인력은 현재 부족한 실정이다. 드론은 무인 농기계와 함께 노지 스마트팜의 새로운 장을 열 것으로 기대를 모은다.

현재 한국의 스마트팜은 시설원예에 많은 부분 적용하고 있다. 재배 특성으로 과수와 노지 분야의 스마트팜 적용은 미흡한 실정이다. 노지 스마트팜은 외부환경인 토양과 기상 등을 센서로 측정한다. 통합제어시스템을 통해 토지 생육환경을 모니터링하며 기기들을 제어할 수 있다. 스마트팜 장비들은 노지 환경제어(관수, 스프링클러 등), 환경정보 모니터링(병충해 위협, 이상상황 알림, 센서상태 정보 등), 생산 및 경영관리(출하 및 비용관리, 작업관리 등)에 사용한다.[22]

아직은 더딘 노지 스마트팜 기술이지만 많은 농업인은 노지에서 농업을 경영한다. 경제적 이유가 가장 클 것이다. 생산비를 줄이기 위함이다. 그 대신 내 노동력을 활용해야 한다. 뜨거운 여름 내리쬐는 태양볕에서 농작업을 하기란 힘들다. 농업인의 안전을 위해서라도 경제적으로 활용 가능한 노지 스마트팜 기술이 다양하게 개발되길 바란다.

## 🍎 물고기 배설물과 만난 스마트팜 기술
### - 만나CEA, 박아론·전태병 대표

2014년부터 박아론·전태병 대표는 스마트팜과 친환경 수경 재배 기술을 결합한 사업모델을 제시했다. 이들은 농촌문제를 고민하며 적은 노동력으로 농업 생산성을 높일 방안을 고려했다. 그것이 바로 스마트팜 기술이었다.

초기엔 우리나라보다 스마트팜 기술이 앞서 있던 네덜란드 방식을 활용했다. 하지만 양액 제조에 화학약품이 사용되어 재배자들의 건강에 좋지 않다는 것을 알게 되었다. 또한 양액을 그대로 방류했을 때 환경오염 문제가 발생했다. 친환경적으로 활용할 수 있는 양액을 고민했다. 그 결과 물고기 배설물을 활용해 식물의 양분이 되는 아쿠아포닉스 공법을 스마트팜에 적용하기로 했다. 이 방식은 추가 오염원이 없어 농업용수로 재활용도 가능했다. 기존 용수 사용량의 5~10%만 사용해도 충분했다. 연구자들은 채소가 필요로 하는 영양성분과 양어가 요구하는 성분이 달라 실제 적용에는 한계가 존재한다는 의견을 내놓기도 했다. 그러나 물고기가 있는 농장은 이색적인 카페 장식으

민물고기 양식장(출처: 만나CEA)

로도 활용한다.

2023년 행정안전부 청년마을만들기 공모사업에도 선정되었다. 총 6억 원을 3년간 지원받는다. 확보된 예산으로 미래농업 복합문화공간인 룻스퀘어(root square)를 통해 취향 마을을 조성할 계획을 세우고 있다. 두 대표는 기술을 농업에 적용한 젊은 농업인들이다. 농촌에 필요한 것을 기술로 채우고자 노력하고 있다. 스마트팜과 결합해 생산, 가공(샐러드), 체험(견학)까지 다양한 사업의 확장성을 만들었다.

현장에서 '쓰이는' 기술이 필요한 시대다. 현장에 적용할 수 없는 기술이라면 아무리 좋아도 쓸모가 없다. 개발된 기술은 수도 없이 많다. 하지만 현장에 적용되는 기술은 극히 일부다. 기술과 현장은 괴리감만 존재할 뿐. 늘 농업의 문제는 농업인들만의 문제로만 치부된 것도 사실이다. 현장에서는 기술이 필요했지만 정작 현장에 적합한 기술은 적었다. 몇 해 전 일부 농업인들은 스마트팜 기술을 받아들였지만 기계 오류로 인한 냉해 피해를 입어 제대로 값을 못 받거나 심지어 농작물을 폐기하는 일까지도 발생했다. 그래서 스마트팜 적용에 소극적인 농업인들도 생겨났다. 스마트팜 사용의 확대를 위해서는 돈벌이가 된다는 것을 확실히 보여줄 수 있어야 한다.

현장에 적용될 기술들이 끊임없이 개발되기 위해서는 이들처럼 현장과 함께 기술을 연마할 똑똑한 농업인이 필요하다. 이들은 기술 적용과 더불어 농촌 현장에 젊은이들과 함께할 수 있는 공간을 만들고자 노력하고 있다.

## 🍎 기술이 실력이다

스마트팜에 발을 들인 청년들을 소개했다. 사용자들은 스마트팜을 통해 인건비를 절감하고 본인의 시간 확보, 생산성 증대, 상품성 향상 등의 장점을 언급했다.

일부는 스마트팜에서 직접 재배하는 농가로, 일부는 스마트팜을 활용한 사업을 만들어냈다. 홍해수 대표는 스마트한 농장에 발을 들여놓아 상품개발에 더욱 시간을 집중할 수 있었다. 황종운 대표는 스마트팜에 대한 개인 공부를 통해 다른 농가에 비해 생산기술은 부족했지만 스마트팜을 통해 채웠다. 김학현 대표는 데이터를 활용한 스마트팜으로 규모 확장, 사료량 급여, 분뇨악취 등의 문제를 보완했다. 박아론·전태병 대표는 스마트 팜을 활용해 제품을 만들었고 청년이 모일 수 있는 농촌이 될 수 있도록 노력중이다.

이들은 모두 대한민국 청년들이다. 그리고 스마트팜의 미래를 내다봤다. 기술은 내 부족함을 채우는 것이고 내 한계를 뛰어넘게 하는 것이다. 이제 스마트팜이 어떻게 보이는가? 미래 농업기술로 여길 수 있겠는가? 농촌은 기술을 흡수하기 시작했고 스마트한 공간으로 바뀌고 있다.

# 스마트한 감성

## 🍎 농업으로 마음달래기
### - 드림뜰힐링팜, 송미나 대표

2019년 11월에 만난 송미나 대표는 원예 치유농장을 운영하고 있었다. 그녀는 대학에서 원예치료 과목을 수강하면서 자신의 적성과 적합하다고 판단해 치유농업에 관심을 가졌다. 치유농업은 자라는 식물을 바라보고 느끼는 교감을 통해 사람들이 안정감을 가지도록 돕는다. 어르신들을 대상으로 한 수업에서 자신의 행복을 찾았다. 그 마음을 담아 힐링 체험장을 설립했다. 이를 위해 6년을 투자했지만 안타깝게도 개장을 며칠 앞두고 불이 체험장을 삼켜버렸다.

불행 중 다행으로 다친 사람은 없었지만 남겨진 건 당시 몸뚱이에 걸친 잠옷밖에 없었다. 지인들의 SNS로 그녀의 안타까운 사연이 전달되자 주변의 도움이 끊이질 않았다. 그 후 그녀는 '선한 영향력을 주는 사람이 되자, 사람들에게 드리자'라는 뜻의 드림뜰힐링팜을 오픈했다. 치유농업을 통해 사람들의 마음을 보듬을 수 있고 그 과정을 통해 자신도 많은 배움과 삶을 다듬는 과정을 갖게 되었다고 말한다.

현재 농장에서는 초·중·고등학생, 장애우, 치매 어르신 등 다양한 사람들에게 원예치료, 교육, 텃밭정원 가꾸기, 생태놀이, 숲체험 등의 프로그램을 제공하고 있다. 2015년 전주교육청 진로직업체험 협약기관으로 지정되었고, 2016년 완주교육청 지정 체험장, 2017년 교육과학기술부 교육부 진로체험 기관으로도 선정되었다.

송 대표는 한국 치유농업은 발전중이라고 언급했다. 치유농업의 효과는 현재 평가받는 중이다. 치유 대상자들의 전과 후를 분석해 보니 프로그램에 참가했던 사람의 사회성이 좋아졌다고 덧붙였다. 어울림이 낯설었던 사람이 자연을 통해 소통방법을 익혔다. 그 결과 주위 친구들과 대화도 가능해졌다고 한다. 부모세대들이 자녀들의 대인기피증 혹은 은둔형 외톨이 문제로 연

드림뜰힐링팜

숲속 놀이터(출처: 드림뜰힐링팜 네이버 블로그)

락해 오는 경우가 있다고 했다. 현대사회 사람들은 주변인들과
교류를 맺는 과정에서 마음의 상처를 받는 경우가 많다. 이런
아픔을 농촌을 통해 치유되기를 바라는 이들이 있다. 사람들의
요구에 반응이라도 하듯 송 대표는 식물과 더불어 동물을 치유
매개로 활용하는 방안도 구상 중이다. 동물을 활용하면 체온, 감
촉 등 식물과는 다른 부문에서 정서적 교류가 가능하기 때문이
다.

치유농업(Agro-healing)은 건강을 위한 영농으로도 표현한다.

이는 목적에 따라 치유, 고용 그리고 교육 유형으로 구분한다. 네덜란드 치유농장에는 가축돌봄, 원예활동, 산림가꾸기 등 주요 활동이 있다. 예전 치유농업 대상자들은 정신질환자에 한정했으나 현재는 노약자, 번아웃 증후군 환자 등 대상들이 점차 확대되고 있다.[23] 요약하면 농촌의 정서로 개인의 마음을 보듬는 것이다. 스트레스로 고통받는 현대인들의 정신적 건강증진을 위해 농촌활동 프로그램을 활용하는 것도 예방 차원의 치유농업으로 구분할 수 있다.

코로나19 이후 감염에 대한 우려는 일상이 되었다. 건강과 마음을 지킬 수 있는 공간과 매체가 더욱 절실해진 것이다. 언젠가부터 내 맘이 참으로 딱딱해졌음을 느낀다. 경쟁이라는 거대한 틀 속에 늘 존재하는 건 승자와 패자뿐이어서 그럴까? 한 해가 지날수록 세상을 이길 힘은 길러진 것 같지만 그 때문에 딱딱해져 버린 마음은 너무도 잘 부서졌다. 부서진 마음을 다시 모을 수 없었고 시간이 지나면 괜찮아지겠지 하며 바쁘게 시간을 흘려보내기만 했다. 정작 자신을 돌아보지 못한 채 현대인들은 그렇게 속앓이를 한다. 내 마음이 얼마나 아픈지 스스로 대화할 시간조차 없다.

고향으로 돌아온 후 도시에서 부서진 마음이 재정비되고 있음을 느낀다. 내 고향인 농촌이다. 부모님을 도와 감자를 심거나 수확하다 보면 엉클어졌던 생각들이 재정리된다. 육체적 노동과 정신적 노동은 동일한 힘듦이 있지만 육체적 노동을 통해 해결할 수 없는 고단함을 짊어졌던 나를 반성하게 한다. 그렇게 정신적 무게감을 내려놓고 다시 육체적 노동에 집중한다.

농촌에서 산책하면 그동안 느낄 수 없었던 살아있는 것에 대한 묘한 감정이 생겨난다. 향긋한 봄 냄새를 머금은 봄바람이며, 온몸이 초록빛으로 눈짓하는 새싹들이며, 보이는 것은 작으나 울림은 기똥찬 귀뚜라미며, 깜깜한 밤에 더 씩씩함을 뽐내는 개구리들까지… 살아있다는 것. 무뎠던 마음이 다시 깨어난다. 늘 농촌은 내가 살아있다는 것을 깨우쳐주는 오묘한 공간이었다. 치유농업은 이런 공간을 제공한다.

## 🍎 캠핑이 아닌 팜핑이 대세
### - 젊은농부들, 이석무 대표

충북 음성군에 귀농한 이석무 대표는 팜핑(Farmping)인 보라숲 관광농원을 운영한다. 농장에서 농장체험과 더불어 캠핑을 즐길 수 있다. 창업 아이템으로는 블루베리를 선정했으며, 2012년부터 시작했다. 블루베리 농사로만 생계를 꾸릴 수가 없었다. 그래서 블루베리의 6차산업의 확장을 위해 생산, 가공, 관광을 동시에 제공한다. 이곳에서 가능한 농촌체험은 블루베리를 활용한 초콜릿과 잼 만들기, 묘목심기다. 그리고 어스름한 저녁엔 감성을 자극하는 캠프파이어도 가능하다. 블루베리 담금주에 숙성시킨 바비큐도 제공된다. 고객들의 편의를 위한 펜션과 카라반 등의 시설도 확충했다. 이곳은 농업계 고등학생, 예비 귀농인을 위한 멘토링을 제공하기 위한 6차산업 관련 강의장소로도 활용되고 있다.

농촌은 어떤 사업과도 융합할 수 있는 매력을 지녔다. 자연과

농촌에서의 캠핑(팜핑)
(출처: 젊은농부들 네이버 블로그)

초콜릿 만들기 체험활동
(출처: 젊은농부들 네이버 블로그)

관련있는 것이면 더욱 그렇다. 캠핑을 좋아하는 사람들은 편안한 내 공간을 뒤로 하고 낯설고 불편한 공간을 찾아 몸보단 마음이 편해지는 곳을 찾아간다. 하지만 가끔은 텐트를 치느라, 식사를 준비하느라 자연을 충분히 누리기엔 시간이 부족하다(당연히 그 과정을 즐기는 캠핑족들도 많다). 농촌은 자연과 마주할 수 있는 다양한 자원을 가지고 있다. 한때는 농촌의 다양한 체험활동들과 농가 맛집을 탐방하며 휴가를 보낼 수 있는 팜캉스도 유행이었다.

농촌관광은 농외소득의 핵심 요소로 볼 수 있다. 농촌 공간에 다양한 자원들을 덧붙여 새로운 부가가치를 창출하는 작업이다. 판매할 수 있는 자원은 많다. 아름다운 경관, 깨끗한 물, 지역적 특징(음악, 예술, 먹거리 등) 등 너무 다양하다. 하지만 현재 다수의 농촌관광은 단조롭다. 시대는 변했지만 여행 트렌드와는 거리가 있었다. 관광은 무엇보다도 콘텐츠다. 콘텐츠로 지역을 설명할 수 있어야 한다.

많은 사람들이 갑갑한 도시생활을 벗어나 자연의 아름다움을 마음껏 누릴 수 있는 공간을 찾고 있다. 다채로운 농촌의 모습이 도시인과 농업인에게, 또한 새로운 사업을 찾아 도전하는 청년농업인에게 풍요로움을 전하는 공간이 되길 소망한다.

# 🍎 마을주민들이 뭉쳤다! 더불어 살기
## - 청년협업농장

충남 홍성군에는 청년협업농장이 있다. 이곳은 청년 농민을 키워내는 인큐베이팅 역할을 담당한다. 농사체험과 지역사회의 이해 그리고 지역 정착 생활과 연관된 문제들을 해결해 보고자 이 농장이 탄생했다. 어르신들께 청년이라고 불려서 농장 이름에 '청년'을 붙였다. 함께한다는 의미로 '협업'이라는 단어를 더했다. 그렇게 농장의 이름은 '청년협업농장'이라 불렸다. 이 농장은 43명 조합원의 출자금 4,500만 원으로 시작했다. 처음부터 마을주민들의 협업으로 태어났다. 3천 평 땅에 유기농업으로 5명이 번갈아 업무를 진행한다. 연중생산 작물을 찾다가 쌈 채소 재배가 시작되었다. 연 평균 20톤의 유기 쌈 채소를 생산한다. 연 매출은 1억 2천만 원이다. 친환경 종묘는 구하기 어려워 직접 생산하며 그 덕에 일부 생산비를 절감했다.

청년들은 작물의 생육에 따라 이른 아침인 오전 5시부터 업무를 시작한다. 그리고 오후 4~5시가 되면 강당에 모여 강의를 듣는다. 마을주민들도 함께 강의를 듣기 위해 모인다. 어르신들은 농번기에 이 청년들에게 도움을 요청한다. 일부 청년들은 마땅히 노동력을 제공한다. 하지만 또다른 청년들은 머뭇거린다.

청년협업농장 내부

도움을 준 청년들이 홀로서기를 한다면 그 어르신은 마땅히 청년을 돕는다. 그리고 청년이 필요한 것들을 물심양면으로 챙겨준다. 삶은 그렇다. 아무것도 기대하지 않고 내밀어준 손은 잔잔하게 상대의 마음에 스며든다.

이 마을에는 독특함이 있다. 무엇이 필요하면 조합원들은 서로 의견을 나누고 합의 후 출자금 형식으로 해결한다. 무엇보다 농촌은 소비보다 생산 문화가 강하다. 그러다 보니 소비에 관해서는 부족한 것들이 많다. 지역 내 가장 빠르게 진행되었던 사업은 술집이었다. 다들 힘든 농사일을 마치고 술 한잔 하려니 장소가 여의치 않았다. 그래서 읍내까지 차를 몰고 가야 했는데,

돌아오는 길이 문제였다. 결국 조합원들은 돈을 모아 술집을 차렸다. 하지만 보통 술집이 아니었다. 낮에는 동네 주민들과 아이들을 위한 치킨집이 되었고 필요에 따라 주민들의 의견교류 장으로도 활용한다.

농촌은 공동체다. 함께 어울려서 공동작업을 하는 것이 농사다. 함께 일을 하는 이들이 형제였고 가족이었다. 도시에서는 부족함을 돈으로 채울 수 있지만 농촌에서는 부족함을 사람으로 채운다. 바로 그것이 농촌의 더불어 살기다.

## 🍎 지역 농산물로 키우는 청년의 꿈
### - 청년키움식당

청년키움식당이라고 들어본 적 있는가? 이 사업은 외식창업 보육의 일환으로 지역산 농산물 소비와 외식업을 결합해 진행해 왔으나, 2023년도 사업은 청년 외식창업으로 일부 내용이 수정되었다. 현재는 신촌점, 홍대점, 분당점, 전주점, 광주점, 대구점 총 6곳에서 운영한다. 사업시행자는 사업 운영(사업장 확보, 컨설팅)이 가능한 법인 또는 단체, 농식품부 지정 외식산업 전문기관(71개소)이다. 그리고 실제 지원받는 사람들은 외식창업을 희망하는 만 39세 이하 청년들이다.

2019년 가을 기대를 가득 안고 찾아간 청년키움식당 완주점은 다소 외진 곳에 있어 입구가 잘 보이지 않았다. 하지만 깔끔한 통유리와 촘촘하게 엮인 나무로 세련미가 느껴진 인테리어에 감성은 덤이었다. 매장을 운영하는 팀들은 3개월 단위로 바뀌었다. 내가 방문했을 때는 온기팀이 운영하고 있었다. 판매 메뉴는 베이컨 새우볶음 우동(7,500원), 부대찌개(7,500원), 온돈까스(7,500원), 소고기 비빔밥(7,000원), 닭갈비 덮밥(7,500원), 눈꽃 샐러드(6,000원)였다. 메뉴 중 눈꽃 샐러드가 가장 독특했다. 지역 농산물과 지역 청년들의 외식사업이 서로 공존하는 공간이었다.

다소 아쉬운 점도 있었다. 완주점 위치는 소비자들의 유동인구가 많지 않았다. 식사만을 위해 방문하기에는 애매한 위치였다. 옆 건물에는 미술품이 전시된 공간이 있긴 했지만 부족해 보였다. 고객들을 유인하기 위해서는 청년들의 꿈과 공간을 홍보하는 다양한 마케팅 활동도 필요하다. 그런데도 참가팀들은 직접 운영할 기회를 얻어 고객 선호도 파악에 큰 도움을 얻었다고 긍정적인 평가를 했다.

청년키움식당에는 3가지 장점이 있다. 첫째, 외식사업에 꿈이 있는 인재를 육성할 기회를 제공한다는 것이다. 〈장사천재 백사장〉〈서진이네〉〈제철 요리해주는 옆집 누나〉 등 요리를 주제로 한 다양한 프로그램들이 방영되고 있다. 〈골목식당〉을 통해 보았듯이 많은 청년들이 외식사업에 뛰어들고 있지만 경험이 적거나 전무했으며 패기만으로는 식당 운영을 하기 힘들다. 청년키움식당 사업은 실무경험이 적은 청년들에게 본인의 상품을 고객들로부터 평가받을 수 있는 기회다. 또한 앞서 창업에 성공한 선배들을 만날 기회도 얻어 실무에 필요한 정보들을 제공받을 수 있다. 즉 참가 청년들에게 현실에 적용 가능한 경쟁력을 높여준다.

둘째는 지역 농산물을 다양하게 활용해 메뉴가 개발될 경우 해당 지역 농가를 돕는 일에 긍정적 영향을 미칠 수 있다. 지역 식자재를 활용한다면 해당 지역 농산물의 소비 증가로 이뤄질

2023 외식창업 인큐베이팅 사업 홍보 포스터
(출처: 청년키움식당 네이버 블로그)

수 있기 때문이다. 판로의 문제로 제값을 받지 못했던 농민들에게 지역 소비로 유통 문제가 일부 해결되어 농가소득 증대에 효과를 거둘 수 있다.

셋째는 고객들이 얻는 혜택이다. 식당의 메뉴들은 지역 농산물을 활용하기 때문에 안전하고 신선한 먹거리를 제공받을 수 있다. 그리고 청년들이 새롭게 개발하는 메뉴들로 구성되어 다양한 먹거리와 새로운 맛에 대한 즐거움을 누릴 수 있다. 무엇보다도 내가 먹는 음식을 통해 성장하는 청년들을 응원하는 가치있는 일을 할 수 있다.

## 🍎 지역의 새희망, 청년여성 이장
### - 지리산피아골식품, 김미선 대표

전남 구례군 지리산 자락에서 청년 이장 지리산피아골식품 김미선 대표를 만났다. 그는 대학을 졸업하고 다시 피아골로 돌아왔다. 마을이 잘살기를 바라는 마음에서였다. 그리고 지역주민들 간의 갈등 해결사를 자처하고 젊은 처녀 이장이 되었다. 고향으로 돌아오기 위해 그녀는 창업했고 자신이 자신을 고용했다. 한국벤처농업대학을 다니며 제조, 유통, 경영 수업을 듣던 중 중학교 시절 자신이 직접 담은 된장이 떠올랐다. 그때의 제

김미선 씨(출처: 지리산 피아골식품 홈페이지)

품이 재구매로 이어진 경험을 되살려 장류를 초기 창업 아이템으로 정했다.

지리산 주변에서 수월하게 구할 수 있는 고로쇠를 지역농산물과 연계해 상품화했고 2011년 지리산피아골식품을 설립했다. 그 외에도 천왕봉 산장 등 민박 4동, 식당 2동도 겸하여 운영한다. 장류 생산을 통해 지역인력 고용, 지역 농산물 구매 등 지역협력을 이뤘다. "지역민들은 경쟁관계가 아니라 협력관계가 될 때 비로소 지속적인 경영을 할 수 있다"라고 말하는 그의 꿈은 제2의 자신을 배출하는 것이다.

내가 만난 미선 씨는 아주 유쾌한 사람이었다. 그리고 부지런하고 상냥했다. 무엇보다도 꿈이 있었다. 누군가 자신처럼 지역을 위해 본이 되는 청년들을 키워내고 싶었다. 한 청년의 열정으로 지역에 새로운 희망을 불어넣을 수 있음을 증명했다.

## 🍎 비움과 채움의 공존, 감성의 농촌

농촌은 수많은 감정을 가졌다. 엄마 같은 포근함, 친구 같은 진솔함, 아이 같은 순진함, 아빠 같은 든든함 등 다 표현할 수 없다. 소개한 청년들은 모두 농촌의 감성에 물들어 산다. 송미나 대표는 식물과 마음이 함께 자라게 해 사람들에게 따뜻함을 전했다. 치유농업은 농촌활동을 통해 사람들에게 나다움을 찾도록 도와줬다. 이석무 대표는 갬성족이라 불리는 캠핑족들에게 농촌이라는 공간을 소개했다. 그리고 감성을 덧붙여 팔았다. 청년협업농장은 농촌의 공동체 생활이 무엇을 의미하는가를 잘 보여주는 사례라 생각한다. 체험삼아 비뚤비뚤 모심기를 하는 아이들의 손과 마음은 부모의 직업을 배우며 부모의 삶을 직접 경험한다. 청년키움식당 완주군은 지역 농산물로 청년들의 꿈을 더했다. 농촌에서 잘 자란 농산물로 청년들의 꿈도 덩달아 자라났다. 김미선 대표는 청년여성 이장이다. 농촌의 삶을 통해 주변인들과 함께 머무는 삶을 실천하고 있다.

농촌은 마음을 기울여주는 누구에게나 보게 할 듣게 할 그리고 느끼게 할 준비가 되어 있다. 기술은 발전한다. 하지만 사람을 잊어서는 안 된다. 비대면이라는 편리함 때문에 사람과의 거리가 멀어졌다. 대다수 업무는 SNS나 이메일로 처리하며 사랑했던 사람과의 이별도, 친구들과의 안부 인사도 카톡이나 SNS로 대신한다. 사람 대 사람으로 감정을 나눌 수 있는 방법이 줄어들었다. '감정 나눔'을 사치로 여기기도 했다. 기쁠 때, 슬플 때, 화날 때는 마음이 즐거움도 아픔도 갑갑함도 느낄 수 있어야 한다. 한동안 스스로에게 내어주지 않았던 감정의 공간들을 농촌에서 비움과 동시에 따뜻함과 행복함으로 채울 수 있기를 바란다.

# 3장

## 한류농업 진출기

# # 3

한국인에게는 특별한 마음이 있다. 바로 '정'이다. 부모와 자식 간의 마음, 선생님과 제자의 마음, 이웃집 사람과의 마음 그리고 외국인을 향한 마음이다. 그 감정은 따뜻하고 친밀하다. 내 감정과 주장을 앞세우기보다 상대를 배려하려는 마음이다.

참 독특하다. 외국인들에게 한국인의 정을 설명해도 이해하지 못한다. 한국인만의 고유의 성품이기 때문이다. 해외에서 우리 국민들이 잘살아가는 것도 그 때문인 것 같다. 정을 표현하기에 사람마다 주관성이 크지만 상대를 배려하는 마음에서 출발한다는 것은 동일하다. 내 시간과 정성을 내 이익이 아닌 상대를 위해 기꺼이 내어주기도 한다. 공동체적 성격이 짙은 농촌에 가면 늘 함께 머무는 것이 있다. 바로 이런 정이다.

정을 한가득 담은 한국인이 해외에 나가면 늘 일을 벌인다. 외국에서도 그들은 현지인들이 필요로 하는 것을 함께 고민하고 해결하기 위해 노력한다. 함께하려는 마음이다. 한국도 어려운 시절을 겪었다. 그리고 견뎌냈다. 그래서 많은 개발도상국은 한국을 닮길 원했다. 그 간절함을 알기에 한국 농업전문가들은 현지 상황에 적합하도록 농업기술을 전파했다. 그리고 지역 사람들이 잘되길 진심으로 빌었다. 그렇게 서로를 향한 고마움이 피어났다.

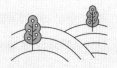

# 한류가 된 K-농업기술

우리는 잊고 있었다. 오래전 많은 국가에 쓰였던 K-농업을 말이다. 많은 개발도상국은 한국처럼 되길 원한다. 전 세계에서 유일하게 급속도로 배고픔을 달랬던 나라로 많은 국가는 신기해했다. 특히, 우리와 초기 경제 수준이 유사했던 나라들은 우리나라 경제성장을 모델로 삼길 원했다. 제일 먼저는 농업부터였다. K-농업처럼 자국민들의 배고픔을 달래길 원했다.

한국사람들은 무엇이든 잘 해내는 근성을 가졌다. 그리고 해외로 향했다. 외국인들과 어울려 그들을 파악했다. 그리고 친구가 되었다. 그 후 우리의 기술을 알리기 시작했다. 하지만 가진 기술을 그대로 전수하는 것이 아닌 개발도상국의 여건에 적합한 것이 무엇인지를 늘 고민했다. 때로는 우리나라의 생육환경과는 너무 달랐다. 온도가 너무 뜨겁거나 너무 차가웠고 땅도 한국보다 더 거칠거나 딱딱하기도 했다. 실패도 많았다. 그래서 좌절도 겪었다. 하지만 해내야 했다. 그래야 K-농업의 자존심을 지킬 수 있으니까.

그리고 드디어 해냈다. 그리고 현지인들은 덩실덩실 춤추며 말했다. K-농업으로 인해 우리가 배불리 먹을 수 있게 되었다고. 자국에선 다른 산업에 밀려 조용히 지내야 했던 K-농업이 해외에서는 더 높은 가치로 평가받았다.

## 🍎 한 농부가 싹 틔운 농업한류 - 베트남

아버지와 베트남의 만남은 운명적이었다. 여행 차 다녀온 베트남에서 농업인인 아버지께 현지 농업기술 교육과 관련된 제의가 들어왔다. 그 후로 아버지는 매달 한두 번 베트남으로 향하셨다. 현장에 있는 학생들을 만나기 위함이었다. 베트남의 젊은 청년들에게서 하늘나라로 먼저 떠나버린 아들의 모습을 볼 수 있었다. 그 당시 아버진 한 명의 아들이 수백 명의 자녀로 돌아왔다고 회상하셨다. 2004년 아버지와 어머니는 호치민으로 향하셨다.

하지만 베트남 정부는 아버지에게 우호적이지 않았고 그들에게 아버진 그냥 이방인이었다. 정부간 협조를 구하기도 여간 어려운 일이 아니었다. 타국생활은 만만치 않았고 엎친 데 덮친 격으로 현지상황은 아무것도 준비되지 않은 상태였다. 농업기술만 전수해 달라는 요청을 받고 현지에 도착했으나 강의를 진행할 수도 없는 형편이었다. 그렇게 5개월 동안 애를 태워야만 했다. 늘 바쁘게 사셨던 아버지다. 하지만 일 진행속도는 더뎠고 갑갑했다. 사전준비를 하느라 베트남을 여러 번 방문했음에도 진행된 업무는 없었고 그나마도 거북이보다 더 느렸다. 분명 베트남에서 농업기술이 필요하다고 도움을 요청해서 갔지만 한동안 아무것도 할 수 없었다.

오랜 기다림 끝에 호치민에 있는 농업기술학교에서 강의가 이뤄졌다. 3년 전 일본 사람들이 농업 관련 강의를 진행했지만 실효성이 없다는 평가를 받았다고 한다. 당시만 하더라도 베트남은 사람의 손으로, 쟁기로, 소로 농사를 짓던 시절이었다. 하지만 일본인들은 학생들에게 이앙기, 콤바인, 트랙터와 관련된 수업을 진행했고 기계들은 전시용에 불과했다. 기술은 있었지만 현장은 없었다. 그 때문에 베트남 선생들은 외국인이 현지에서 수업하는 것을 매우 못마땅해 했다. 게다가 농기계라고는 온통 녹슨 것뿐이라 여러모로 애를 먹었다.

당시 베트남 현지에는 농업 관련 강의자료조차 드물었다. 부모님은 우선 한국의 농업사 30년이 정리된 책을 만들기 시작했다. 한국과 베트남 농업 발전에 관한 비교 사례와 농기계 기술 내용을 담았다. 한국과 베트남은 동일한 2000년대였지만 한 나라에서는 손으로, 또다른 곳에서는 기계로 농사를 지었다. 베트남인들은 자신들이 처한 현실을 인지하기 시작했다. 그 자리에 머물 것인지 또는 발전된 기술을 받아들일 것인지는 그들의 선택에 맡겼다.

아버지는 현지인들에게 인정을 받는 것이 급선무라 생각했다. 그들에게 몸과 마음의 거리는 당연했다. 적대감을 없애야 했다. 베트남인들은 축구를 아주 좋아한다. 길거리에 삼삼오오 모여 있으면 누구 할 것 없이 공을 가지고 온다. 베트남 정착 전 이 모습을 마음에 담아놓은 아버지는 한국에서 축구공도 준비해 그들에게 먼저 다가가 특유의 미소와 붙임성으로 학생들에게 축구를 제안했다. 마침 준비한 공들을 학생들에게 전해줄 기회가 생겼다. 수업 후 학생들이 모였고 축구를 했다. 그것도 함께. 아버지가 내민 손을 학생들은 하나 둘 잡기 시작했다.

첫 수업부터 현지 선생들과 마찰을 겪었다. 베트남에서는 쟁기질에 대한 개념 자체가 없었다. 아버지를 통해 쟁기질이라는 것을 처음 알게 되었고 그 중요성을 인지하지 못했다. 학생들도 마찬가지였다. 로터리만 하면 되는데 쟁기질까지 왜 해야 하느냐며 따지는 사람들도 많았다. 새로운 것을 시도하기 위해 설득하는 과정 또한 녹록지 않았다.

베트남인들에게 그동안 쌓아온 한국의 농업기술을 전하고 싶었다. 하지만 현장 적용까지 이루려면 가야 할 길이 너무 멀었다. 더 나은 기술이라고 하더라도 현장까지 흘러 들어가지 못하면 발전은 없다. 아버진 수많은 경험을 통해 축적된 자신의 기술에 확신이 있었다. 그래서 특단의 조치로 직접 실험해 보자고 제안했다. 직접 눈으로 확인하고 선택은 현지인들에게 맡기는 방식으로 진행했다.

현장실습이 진행되었다. 땅을 반으로 나누었다. 반은 로터리와 쟁기질을 한 땅 그리고 나머지 반은 로터리만 한 땅으로 현장실습을 했다. 실제로 쟁기질을 더한 땅은 깊게 그리고 흙은 부드럽게 갈리면서 농작물들이 더 잘 자랐다. 현장을 목격한 선생들은 아버지를 인정하기 시작했고 학생들도 그의 말이 옳았다는 것에 곧 수긍했다. 강의는 주로 현장에서 실습 위주로 이루어졌다. 한국에서 미리 컨테이너 2대에 한국 농기계(경운기, 고압분무기, 종자, 비료, 살포기) 등 현장학습에 사용 가능한 기계들을 직접 가져갔다. 종자, 비료 등 모든 농업 투입재를 한국에서 공수했다.

한국에서 출발한 경운기는 완제품이었다. 하지만 베트남에선 수업을 위해 하나하나 분해되었고, 다시 조립의 과정을 거쳐 완벽한 경운기로 변했다. 아버지가 먼저 시험 운전을 보였다. 그후 학생들의 경운기 운전실습이 이뤄졌다. 경운기로 밭을 갈고 망을 지었다. 그 외에도 파종도 할 수 있고 용수를 공급하는 기계로 변경해 다양하게 활용하는 방법들을 하나씩 가르쳤다. 쟁기와 로터리, 고압분무기도 동일하게 분해와 조립의 실습시간이 주어졌고 먼저 시범을 보이면 학생들은 뒤이어 실습을 했다. 학생들이 기계를 다루는 부담감을 줄이기 위함이었다. 그들은 현장수업을 통해 발전된 기술이 더 나은 품질을 생산할 수 있고 일의 수월성, 생산성 향상까지 이룰 수 있다는 것을 몸소 체험했다.

학교 시설은 매우 열악했다. 학생들이 앉아서 공부할 장소와 책상, 의자들도 턱없이 부족했으며 강의실은 거의 무너져 내릴 듯 보였다. 그래서 부모님은 한국에서 농사지으시던 땅, 농기계 등을 팔아 모은 종잣돈을 학교를 위해 기꺼이 내놓으셨다. 그 당시 나로선 이해가 전혀 되지 않았다. 언어와 문화도 다른 타지에서 그렇게 어렵게 생활하는 부모님이 안쓰럽기도 했고, 학생들에게 가르쳐도 아무런 보상은 없었지만 마주한 상황을 즐거이 이겨내시는 것도 아이러니했다.

매 강의 전 '차렷, 경례'를 외치는 반장이 있다. 그는 아버지의 강의내용과 학생들의 반응을 기록해 당에 보고했다. 베트남은 사회주의국가다. 그래서 외국인들을 철저하게 감시했고 부모님도 예외는 아니었다. 어느 날 호치민 농업전문기술학교 총장이 아버지를 불러 공문 하나를 전달했다. 종이엔 베트남어로 무언가 적혀 있었고 직인까지 찍혀 있어 중요한 서류임은 분명했다. 그 내용은 부모님 신변보호에 관한 내용이었다. 외국인 신분으로 국가의 감시를 받았던 부모님이 이제는 베트남의 보호를 받게 된 것이다. 학교 측에서도 아버지에 대한 마음을 열기 시작했고 농작물 시범 포장 및 기타 연구를 위해 땅 1만 평을 제공해 주었다. 현지 학생들은 한 명의 대한민국 농업인으로 인해 미래 베트남 농업을 바라볼 수 있게 되었다.

총장은 학내외 농업 관련 행사가 있을 때면 늘 아버지와 동행하려 했다. 덕분에 베트남 농업계 고위 지도자들과 친분을 쌓을 기회가 생겼고, 그중 빈 할아버지의 첫인상은 너무 특별했다고 하셨다. 빈 할아버지는 아버지가 현지인들을 도우러 왔다는 소식에 너무 기뻐하시며 베트남어로 끊임없이 말씀하셨지만 내용을 전혀 알아듣지 못한 아버지는 웃음으로만 화답하셨다고 한다. 빈 할아버지는 베트남 농업 영웅으로 손꼽히는 베트남 내 권력도 상당한 분이었다. 하지만 늘 겸손한 모습으로 자국민을 돕고 양성하는 데 많은 시간을 할애하셨다. 아버지와 빈 할아버지는 서로 언어는 달랐지만 베트남을 사랑하는 마음은 같았다. 그는 한국 김과 김치를 무척이나 좋아했다. 부모님 댁에 놀러 올 때면 어머니께서 담가준 김치를 늘 잊지 않고 가져갔다. 비록 언어, 사회, 문화, 나이 등 다른 점들은 많았지만 부모님은 베트남인들의 친구가 되었다.

당시 베트남에서 제일 큰 영웅농장(베트남 정부 집단농장, 400㎞)에서 농업기계 영농화에 대한 도움을 요청했다. 하노이 농업기술대학교에서도 아버지에 대한 소문을 듣고 한국농업기술을 전수해 달라는 요청을 보냈다. 아버진 하노이까지 여러 번 다녀오셨지만 당시 호치민 농업기술학교에서 강의를 진행 중이어서 쉽사리 터전을 옮기기가 힘들었다. 건터기술경제대에서는 농업기술과 태권도와 연계해서 사업을 진행해 달라는 요청을 했고 달랏에서는 무, 감자, 배추 등 한국 종자로 시범재배를 진행했다. 해당 시범재배 결과는 품질과 맛 등 모든 면에서 긍정적인 평가를 받아 달랏 농산국에서도 한국농업기술에 대한 현장강의 요청 및 사업 제안이 들어왔다.

한국의 발전된 농업교육을 필요로 하는 곳은 많았지만 해당 교육을 진행하기 위해 지출해야 하는 비용도 만만치 않았다. 개인이 모든 것을 부담하기는 어려웠다. 현지에 있는 한국 기업과 정부기관에도 도움을 요청을 했다. 하지만 필요를 채우기엔 많은 제약이 따랐다. 현지 농업기술 향상 등 실질적인 도움보다 자신들의 생색내기에만 바빴던 기관, 기업도 있었다. 그런데도 영사관, 대사관 등 여러 기관에서는 적극적으로 아버지의 일을 도우려고 했다는 것에 (너무 늦었지만) 지금이라도 감사를 표한다.

부모님은 강의 외에도 한국 대학과 베트남 대학의 교류, 백합 재배단지 사업 연계 등 다양한 연결고리 역할을 하셨다. 진행되지 못한 사업들도 있었으나 다양한 사람들과 사귐으로 한국농업 적용 가능성을 베트남에 여실히 보여주었다. 부모님의 베트남 진출기를 보면 '한 사람'의 역할이 작다고 감히 표현할 수는 없을 것 같다. 모든 일에는 반드시 시작점이 필요하니까.

## 🍎 한 마을을 꿈꾸게 한 농업기술 - 케냐

농촌진흥청은 2009년부터 한국의 우수한 농업기술을 개발도상국에 전수하는 해외농업기술개발사업(KOPIA: KOrea Partnership for Innovation of Agriculture)을 진행하고 있다. 개발도상국에 KOPIA 센터를 직접 설치해 운영한다. 센터 내 소장으로 근무하는 분은 한국농업기술 전문가다. 지역별로 필요한 농업기술을 국가 내 농업기술연구소 등과 협업해 기술을 개발한다. 동시에 실증 연구도 진행하며 현지 농업인들과 관계자들의 교육을 담당하는 역할도 한다. 이 사업은 2023년 현재 총 23개국(아시아 8개국, 아프리카 7개국, 중남미 6개국, CIS 2개국)*에서 이루어지고 있다.

이 사업 중 성공적인 평가로 손꼽히는 사례로 케냐가 있다. 케냐의 주요 생산작물은 사탕수수, 옥수수, 감자다. 케냐의 영세농들은 닭을 키우거나 감자를 심어 돈을 번다. 하지만 그들은 가난하다. 좋은 씨감자를 살 돈이 없다. 그래서 결과는 늘 저조했다. 먹기에도 부족한 생산량이었다. 감자는 씨로 병의 전염성이 높은 작물이라 종자관리가 특히 중요하다. 관리가 제대로 되지 않으면 감자 생산량 증대를 기대하기 어렵다. 한국 코피아 케냐센터와 케냐 농업연구청의 공동연구로 개발한 씨감자를 시범재배 마을인 완조히(Wanjohi) 마을 농가들에게 무상으로 지급했다. 씨감자 저장 관리법, 수확 후 관리 등의 교육들도 진행되었다. 시범사업 후 성과는 대단했다. 완조히 마을의 83개 참여 농가의 생산량은 사업 후 17.5톤/ha(사업전 5.2톤/ha), 소득은 사업 후 마을당 5,506달러로 사업 전 1,636달러보다 각각 4배 이상 증

---

* 아시아 : 베트남, 미얀마, 캄보디아, 필리핀, 스리랑카, 몽골, 라오스, 파키스탄
  아프리카 : 케냐, 알제리, 에티오피아, 우간다, 세네갈, 짐바브웨, 가나
  중남미 : 파라과이, 볼리비아, 에콰도르, 도미니카공화국, 니카라과, 과테말라
  CIS(독립국가연합): 우즈베키스탄, 키르기스공화국

가했다. 하루 끼니를 해결하기 급급했던 마을은 이 사업을 통해 돈을 벌었다. 저축이 가능했다. 생활여건이 나아진 것은 다 K-농업기술 덕분이라고 그들은 말했다.[24]

많은 개발도상국은 K-농업이 자신들의 국가에 스며들어 주길 고대하고 있다. 입에 풀칠하기도 힘들었던 대한민국의 과거가 현재 자신들의 모습과 유사해 보인다고 한다. 하지만 대한민국은 많이 앞서버렸고 자신들은 예전 그 자리에 머물러 있다고 말한다. 지금처럼 잘살게 된 한국의 비법을 그들은 알고 싶어한다.

코피아 연구원들은 굶는 아이들을 위해 특별한 연구를 구상

케냐 스쿨팜 프로젝트(출처: 농촌진흥청 네이버 블로그)

했다. 바로 스쿨팜 프로젝트다. 2015년부터 시작되었으며 가뎅와 초등학교 재학생들을 대상으로 재배기술을 가르쳤다. 2018년도에는 콩, 옥수수, 감자, 양배추 등 총 11개 작물을 재배했으며 총 8.2톤을 수확하는 성과를 냈다. 관련 농가엔 자녀들을 통해 재배기술을 습득할 수 있고 농업후계자로 양성이 가능한 이점이 있었다. 재배작물은 수확 후 학교 급식의 공공 식재료로 활용해 아이들의 영양개선에 도움을 주었다. 충분히 먹고도 남겨진 농산물은 학생들의 집으로 가져가 가족들의 훌륭한 끼니로 변신했다. 이 프로젝트를 통해 점심에 밥을 굶는 아이들은 사라졌다고 한다.

농업 발전은 가난을 해결한다. 그래서 많은 개발도상국은 농업에 집중한다. 우선 자국민들이 먹고사는 일이 해결되길 바란다. 산업이 발전하기 위해 가장 기본조건이 농업이라는 것을 이들이 먼저 알고 있는 것이다. 우리도 흔히 먹기 위해 일하는지 일하기 위해 먹는지에 대한 중대한 질문을 하지 않는가. 우리가 미처 인지하지 못했던 배부름을 갈망하는 나라들은 많다. 하지만 그들은 매우 부족하다. 농업기술이 부족하다. 그래서 더 나은 품질과 생산성을 기대하기란 어렵다. 농사도 기술이 필요하다. 무조건 뿌려놓는다고 자라는 게 아니다. 그래서 더욱 대한민국 농업이 자랑스럽다.

한국 연구진들을 통해 케냐 학생들, 농업인들, 현지 연구진들은 농업기술을 배웠다. 배고픔을 달래는 방법을 배웠다. 닭이 담긴 상자를 들고 춤추던 현지인들의 모습이 떠오른다. 닭 한 마리가 우리에게는 큰 값어치가 없을 수도 있다. 하지만 그들에겐 내일에 대한 미래다.

## 🍎 한 나라의 자급자족 도전기 - 몽골

몽골 하면 넓은 초원에서 고삐도 잡지 않고 말과 한몸을 이룬 듯 자유를 만끽하는 아이들이 떠오른다. 몽골은 유목민이 많은 국가다. 농경지는 전체 국토의 1%밖에 되지 않는다. 인구도 농경지도 농사짓기엔 부족한 수다. 그래서 그들은 농산물 수입국이다. 이런 곳에서 한국 딸기가 생산된다고 한다. 무슨 일이 일어난 걸까?

몽골은 농업의 자립화를 원했고 한국에 도움을 요청했다. 2009년 몽골국립대학교와 경북농업기술원은 농업과학기술 교류를 위해 '공동협력협정서'를 체결했다. 처음엔 식량작물 위주로 진행하다 점차 원예작물로 확장했다. 최근에는 딸기, 참외 그리고 주변 국가에서 수입량이 많은 양파까지 시험 재배 품목을 점차 늘려갔다. 한국농업기술자가 현지에 방문해 시설원예 등

신기술 도입 위주로 교육이 진행되었다. 주로 작물에 대한 생리, 환경, 병충해 등 농업기술에 대한 지원이 이뤄졌다.

농업은 자연을 통해 길러진다. 지역별 생육환경에 따라 자라나는 작물들도 다양하다. 때로는 소비자들의 입맛에 따라 생육환경을 변경하기도 한다. 예전 딸기는 겨울에만 맛볼 수 있는 작물이었다. 하지만 이젠 여름 딸기도 생산한다. 냉동기술까지 더해져 사계절 내내 맛볼 수 있는 과일로 변했다. 소비자 요구에 따라 작물의 생육환경도 만들어내는 중이다.

몽골의 생육환경은 한국과 전혀 달랐다. 자국 내에 소비량이 많은 양파는 러시아산, 중국산으로 수입해 충당하고 있었다. 그래서 그들은 몽골에서 생산된 양파를 맛보고 싶어했다. 이에 경북농업기술원 연구원과 함께 비닐하우스에 한국산 양파 모종으로 시험 재배를 진행했다. 하지만 영하 40도에 육박하는 기온에 양파는 얼어버렸다. 실패가 있었지만 몽골인들은 국내에서 한국 모종으로 심어진 양파 생산이 성공한다면 기존 외국산에 비해 양파 맛과 품질이 더 좋을 것으로 기대하고 있다.

해외 농업 교류가 활발할 시 양국 간 긍정적 측면이 존재한다. 기술력이 낮은 국가에서는 인재양성, 기술력 확보, 지역농민들의 농가소득 증대를 기대할 수 있다. 그리고 기술을 제공하는 국가는 다양한 기후별 품종 연구와 농업 투입재(종자, 비료, 농기계 등)의 수출이 가능하다는 이점이 있다. 무엇보다 농업이라는 산업을 통해 대한민국의 국격을 향상시킬 수 있다. 한국의 농업기술을 이전받은 현지인들은 한국에 고마움을 표한다.

개발도상국의 농업은 아직 미개척 분야가 많다. 좋은 기술이라고 모두 적용할 수 있는 여건이 아니다. 현지 실정을 제대로 반영한 기술들을 보급해야 한다. 현지인들이 사용하기 편하고 쉽게 변형되어야 함은 당연하다. 사용자들이 변경한 농업기술로 확실한 결과가 있을 때 몸과 마음이 서서히 움직이기 시작한다.

해외농업 개발과 관련해 많은 기관이 다양한 방법으로 진행하고 있다. 하지만 정보의 제약으로 인해 일정 부분만 소개할 수밖에 없어 아쉬움이 크다. 우리가 미처 알고 있지 못할 뿐이었지만 많은 개발도상국은 한국농업을 모델로 삼고 싶어한다. 우리가 그들의 본이 되는 것이다. 또한 가뭄, 홍수 등 급격한 기후변화로 국내 작물 생산량이 부족할 때는 그들을 통해 우리나라 식량 부족을 대비할 수 있을 것이다. 농업은 그렇게 서로를 친구삼아 준다.

# K-농산물은 수출 바람을 타고

농림축산식품부에 따르면 2022년 수출액은 역대 최대인 119억 달러(농식품 88억 달러, 전후방 산업 30억 달러)을 달성했다고 발표했다. 또한, 2020년도 농식품 수출품목 중 김치, 고추장, 포도, 유자차는 2019년 대비 30% 이상 증가율을 보였다. 김치의 수출전략은 제품 현지화(비건, 캔)이고, 건강을 주요 콘텐츠로 활용한 인삼은 온라인과 오프라인을 활용한 판촉을 진행했다. 포도(샤인머스캣)는 저온유통체계를 구축함과 동시에 최저가격 관리를 통한 성장세를 이어갔다. 그리고 유자차, 쌀 가공품(가공밥, 떡볶이, 죽)은 미국 소비시장에서 높은 인기를 얻었다. 국가 권역별로 농식품 수출 상승세를 살펴보면 신남방지역*에 부는 한류 영향이 농식품까지 이어져 수출 성장세가 두드러졌다.

한국 농식품의 주요 수출품목은 국가별로 상이하게 나타난다. 음식 문화, 한류의 영향에 따라 국가별 한국 농식품 선호품목은 다양하다. 한국농식품유통공사에서는 포스트 코로나 시대 농식품 수출 유망품목으로 김치, 떡볶이, 라면, 가정간편식, 인삼류, 신선과일 등을 선정하였다. 동남아 시장을 중심으로 안전성, 품질의 신뢰도 등이 우수한 한국산 딸기, 배, 포도 등의 수요가 높아지고 있다.[25]

미국에서 난리가 난 한국 농식품은 냉동김밥이다. 국내 중소기업인 '올곧'이 일을 냈다. 미국 출시 한 달도 안 되어 수백만 줄이 팔렸다. 초도물량 250톤 모두 완판했다. 미국 틱톡커들의 냉동김밥 후기가 또다른 후기를 연이어 발생시키며 나타난 결과다. 이호진 대표는 1년가량 냉동김밥 생산시설과 개발에 시간을 보냈다. 2022년도 3월에 제품이 출시되었고 식품박람회에서 미국 업체와의 수출이 성사된데 이어 미국 SNS 덕분에 화려한 인기몰이를 하고 있다.

한국은 현재 K-방역, K-뷰티, K-문화 등 다양한 바람을 일으키고 있다. 농식품에도 그 바람은 불어왔다. 딸기는 보관하기참

---

* 신남방지역: 아세안(브루나이, 캄보디아, 인도네시아, 라오스, 말레이시아, 미얀마, 필리핀, 싱가포르, 태국, 베트남) + 인도 총 11개 국가

까다로운 품목이다. 껍질 없이 과육 그대로 드러나 있어 자칫 잘못 운송하면 상품가치는 뚝 떨어진다. 이러한 결점에도 불구하고 한국산 딸기는 현재 비행기를 타고 베트남, 태국, 싱가포르 등으로 팔려나가고 있다. 수많은 해외 소비자에게 딸기는 '역시 한국산'이란 인식이 강하게 새겨지고 있다. 세계 무대를 향하는 한국산 농산물의 주역들을 살펴보자.

## 🍎 유명세 떨치기 – 파프리카 · 딸기

파프리카는 대표적 수출 효자 품목이다. 한국에서 수출하는 파프리카의 90% 이상이 일본으로 향한다. 가격과 품질 면에서 우수한 한국산은 일본인의 입맛을 사로잡았다. 네덜란드와 뉴질랜드에 한참 뒤졌던 한국산이었지만 현재는 일본 시장에 없어서는 안 될 한국산 파프리카다. 한국 농가들에게 수출은 어떤 의미를 지니는지 농촌진흥청 수출농업 우수사례를 살펴보고자 한다. 우선, 현재 농식품 수출품목의 선두주자로 손꼽히는 파프리카 농가들의 이야기를 들어보자.

고랭지에서 파프리카를 생산하는 서화파프리카수출단지. 연간 2,600톤을 생산하며 조수입(필요경비를 빼지 않은 수입)은 75억 원에 달한다. 2006년에 설립되었고 2008년에는 원예전문생산단지로 지정되었다. 총 9개 농가가 참여하고 있으며, 2020년도 수출물량은 1,954톤(546만 달러)으로 주로 일본으로 향했다. 해당 지역은 수도작 위주의 농업이 많았던 곳이다. 수익 증대를 위해 새로운 수출형 작목을 찾다 파프리카를 만났다. 재배규모는 비닐온실 12.6ha, 유리온실 1.4ha에 달하며 스마트팜 적용 온실이다. 고랭지인 서늘한 기후조건을 활용해 12~2월에 정식을 진행하며 출하는 3~12월까지 진행한다. 2006~2008년도에는 수출단지조성 시범사업, 2011~2012년도는 농진청 지역농업인특성화 사업에 참여, 2011년엔 농식품 수출탑을 수상했다.

파프리카 수출에 있어 많은 이들의 우려는 수출국이 한 국가에 너무 편향되어 있다는 것이다. 그래서 파프리카 수출국을 중국과 동남아시아 등 인근 국가로 확대하고자 노력하고 있다. 중국과는 2019년 파프리카 검역 협상이 이루어졌다. 한국농수산식품유통공사(aT)와 파프리카 수출통합조직인 코파(KOPA)(주)가 협력해 한국산 파프리카가 드디어 중국 땅을 밟게 되었다.

또한 '2021 상하이 국제식품박람회'에서 한국산 파프리카에 대한 홍보가 진행되었다. 중국에서는 파프리카를 단지 색을 내기 위한 고명으로만 사용한다. 현지 시식 행사장에서 샐러드, 월남쌈 등 한국산 파프리카를 생으로 활용한 음식을 선보였다. 시식한 현지인들은 당도, 아삭함, 수분감 등에 긍정적인 반응을 보였다.

또다른 인기 수출품목은 한국 농산물의 한류를 제대로 증명해 보인 딸기다. 한국에서 재배되는 딸기는 대부분 일본 품종이었다. 하지만 지금은 한국산 품종이 동남아 시장을 당당히 확보하고 있다. 딸기품종의 국산화는 2020년 96%까지 이뤄냈다. 이제는 우리나라가 다른 나라로부터 품종 로열티를 받는 상황으로 역전됐다. 그 주인공들은 매향, 설향 그리고 산타다. 현재 해당 품종은 중국, 베트남, 호주, 뉴질랜드 등에서 재배되고 있다.

코로나19로 인해 항공기 운항이 불확실해지자 딸기 수출에 적신호가 켜졌다. 하지만 선박 수출과 전용 항공기 운항으로 수출 실적이 오히려 늘었다. 농림축산식품부, 한국농수산식품유통공사, 대한항공의 적극적 지원과 수출통합조직인 ㈜케이베리의 발빠른 대응 덕이었다. 항공기로 수출하는 딸기는 높은 물류비가 큰 부담일 수밖에 없다. 하지만 WTO 협정에 따라 2024년이면 정부의 물류비 지원은 중단된다. 케이베리는 물류비 절감을 위해 항공기 전용 팰릿을 개발해 수출량 확대와 콜드시스템 확대 등 선박 수출의 가능성을 눈여겨보고 있다.

예전 한국 농산물 수출업체들은 경쟁이 과했다. 농산물은 헐값에 팔어넘겨졌다. 영세업체들과 지자체들마저 수출에 뛰어들었다. 수출 관계자들은 품질관리도 제대로 하지 않고 한국 농산물을 싼값에 떠넘겼다. 일부 농업인들은 국내 가격이 높으면 해외로 물건을 보내지 않고 계약을 파기해 버린 사태도 발생했다.

농림축산식품부는 신선 농산물 수출업체 간 경쟁을 완화하기 위해 품목별 수출창구를 단일화하고자 했다. 품질에 대한 경쟁력을 높이고 물류비 폐지 등에 대비하기 위해 2018년부터 '수출통합조직'을 육성하고 있다. 주요 목적은 수출업체들의 과당경쟁 완화와 생산에서부터 품질관리 및 안정적 물량 확보로 수출을 확대하는 것이다. 수출통합조직에서는 공동마케팅, 판촉홍보, 수출수급조절 등도 계획하고 있다.

한국산 신선 농산물 수출은 민관의 끊임없는 노력으로 성과를 냈다. 파프리카 수출통합조직인 코파와 딸기 수출통합조직인 케이베리에 긍정적 평가가 이어지고 있다. 아직 한국산 농산물에 대한 준비가 완벽하다고 할 수는 없다. 하지만 많은 이해관계자들이 더 나은 방향으로 나아가고자 노력한다. 이러한 마음들이 모여 좋은 결과를 맺을 수 있으리라 의심치 않는다.

# 🍎 맛과 신뢰도로 해외 사로잡기
## – 샤인머스캣·방울토마토

한국산 샤인머스캣이 사그라들지 않는 인기를 누리고 있다. 샤인머스캣은 2006년 국내에 식재된 로열티 지불없는 외국품종이다. 소비자들의 높은 선호도와 타 품종 대비 높은 가격으로 농가들에도 인기가 높았다. 해당 품종을 만나게 된 것은 일본 덕이다. 일본은 30여 년의 연구 끝에 2006년 품종을 등록했다. 하지만 자국 내 판매만 고려했던 일본은 한국에는 품종 등록을 추진하지 않은 채 6년을 흘려보냈다. 그 결과 현재 한국 농업인들은 일본에 로열티를 내지 않고 생산할 수 있다. 한국은 샤인머스캣 저장기술을 개발해 다른 나라로의 수출 기회까지 얻어 기존 대비 30% 높은 가격에 수출한다.

2023년 샤인머스캣 재배면적은 약 6,577ha에 달하며 2016년 재배면적 대비 24배 증가한 수치다. 2023년 1월에서 7월까지 누적된 포도 수출량은 2022년 대비 약 68% 늘었다. 하지만 한국의 다수 품종은 외국 품종으로 재배되고 있어 수출을 위한 국내 종자 자급률을 높여야 한다는 목소리도 커지고 있다.

샤인머스캣 수출 우수사례로 선정된 산떼루아영농조합법인은 2015년도에 설립되었다. 총 24농가로 구성되었고 총매출액은 19억 4천만 원(2017년)에 달한다. 해당 법인은 3년 만에 수출액 93만 5천 달러, 수출 90톤의 놀라운 성과를 만들어냈다. 이렇게 우수한 성과를 만들어낼 수 있었던 이유는 소비시장을 국내로 한정하지 않고 해외 시장을 향한 목표가 있었기 때문이다. 일정 수준의 품질을 보장하기 위해 공동선별장을 확장했으며 선별라인을 추가했다. 법인에 속한 기존 농가들을 설득해 국내에서 많이 찾는 캠벨 품종에서 해외 소비자들이 좋아하는 샤인머스캣 품종으로 변경했다. 해당 품종으로 변경한 농가들 덕분에 물량도 점차 확보되었다. 생산에서 판매까지 안전관리체계를 구축해 소비자들에게 안전한 먹거리 공급을 인증하는 국내외 GAP 인증도 받았다. 또한 해외 소비자들의 구매패턴에 따른 제품의 무게를 반영하기 위해 패키지를 다양화했다.[26]

다음 사례는 방울토마토 수출 농가다. 2001년부터 지금까지 삼남매농원은 일본 바이어 한 명과 20년이 지난 지금까지 거래를 진행하고 있다. 이렇게 서로간 신뢰를 지킬 수 있었던 이유는 일정한 출하가격, 품질관리, 계약물량 확보다. 국내 가격이 아무리 높아도 바이어가 요구한 물량은 반드시 제공한다는 원칙이다. 수출 토마토는 항공 기내식, 샐러드용 등으로 활용되고 있다. 이 농원의 제품은 현지인들에게 맛과 단단한 육질로 인기를 끌었다. 운송기간과 편리함으로 기존 토마토는 덜 익힌 상태로 수출한다. 하지만 완숙 토마토를 수출하기 위해 전 과정을 콜드시스템으로 변경했다. 이를 통해 품질 좋은 방울토마토를 수출할 수 있는 경쟁력이 생겼다.

한국 농산물은 꾸준히 수출하기 어려운 구조였다. 변동성 높은 가격과 품질관리 시스템 미확보, 계약 물량 파기 등이 원인이었다. 장기거래가 가능했던 삼남매농가와는 정반대였다. 농산물의 더 나은 품질을 위해 지속적인 투자를 했다. 때로는 수출가격이 국내 판매가격보다 낮아 손해도 봤다. 하지만 해외 바이어와 약속을 지키기 위해 꾸준히 노력했다.

이 사례를 통해 국내 농산물의 수출 활성화를 위해 먼저 갖춰야 할 기본원리를 배웠다. 그것은 바로 신뢰와 꾸준함이다. 동일한 품질을 지속적으로 제공하는 것이다. 신뢰란 하루만에 쌓이지 않는다. 수출 바이어에게, 해외 소비자들에게 한국 농산물에 대한 신뢰를 심어줘야 한다. 심는다는 것은 자라는 과정을 바라본다는 것이다. 그리고 씨앗이 뿌려진 땅(해외)에 불편함은 없는지, 소비자가 좋아하는 기호는 어떤지 등도 살펴야 한다.

# 🍎 한국 농식품을 알리다 - 베트남

　신남방지역에 속하는 베트남은 일본, 중국, 미국을 뒤이은 한국산 농산물 수입 5위 국가(2021년, Kati)다. 1인당 GDP가 약 3천 달러인 베트남에서 비싼 한국 농산물이 팔린다. 현지인들의 한국식품 구매는 한류에 대한 호감과 한국산 농산물 품질에 대한 신뢰에서 비롯됐다. 또한 한국 기업의 베트남 투자 확대, 현지 한식 외식업체 증가로 한국식품에 대한 관심도 증가했기 때문이다.

　베트남에서 20대엔 교환학생으로 그리고 30대엔 직장인으로 총 7년의 시간을 보냈다. 20대 시절에 만난 베트남은 한국식품을 구하기 힘든 곳이었다. 현지에서 한국산 신선 농산물을 접한다는 것은 생각조차 할 수 없었다. 한국산 식료품이 있더라도 한국에 비해 2~3배가량 비쌌다. 매번 한국에서 번거롭게 짊어지고 가져가야 했다.

　그 후 10년이 지나 30대의 직장인으로 마주한 베트남은 달라져 있었다. 베트남 내 한국인 해외직접투자 활성화로 대기업과 중소기업의 생산기지가 베트남으로 이전하면서 한국인 수가 급증했다. 현지인 관리자, 한국어 교사, 한국음식 조리사 등 다양한 직업군이 베트남 현지에 생겼다. 그리고 그 가족들도 함께 베트남으로 가는 경우도 많았다. 그 결과 한국인을 위한 한국식품과 현지인을 위한 한국식품까지 베트남으로 수출된다. 심지어 한국 식료품 회사가 베트남으로 들어와 현지인들을 대상으로 직접 제조해 판매까지 하고 있다.

베트남 현지 회사에서 근무할 때 나의 업무 중 하나는 한국 농식품 판촉전을 개최하는 것이었다. 회사에 근무하면서 총 40여 회 크고 작은 판촉전을 진행했다. 한국농수산식품유통공사, 경기도, 경남무역, 경북경제진흥원, 경북통상 등 다양한 기관들과 협업해 한국산 농식품을 소개했다. 판촉전 품목으로도 딸기,

2017 한-베 행사장(하노이)

2016 하노이 한-베 행사 중 현지 언론사에 한국산 배 홍보

배, 사과, 포도, 쌀가공품, 지역 특산물 등 다양했다. 처음 판촉전을 진행했던 것은 포도였다. 하노이에 있는 이언몰이라는 쇼핑 매장에서 진행했고 한국 문화도 알리기 위해 태권도 시범도 함께 이뤄졌다. 당시 판매품종은 거봉과 캠밸이었다. 거봉은 씨가 없고 당도가 좋아 현지인들에게 호평을 받았지만 캠밸의 평가는 두 분류로 나뉘었다. 달콤한 맛에 반했다는 소비자와 포도주 냄새로 거부감이 든다는 소비자였다. 추후 진행되었던 한국산 포도 판촉전으로 샤인머스캣이 소개되었다. 값이 너무 높았다. 그럼에도 명절용 선물로 혹은 아이들 간식으로 판매되었다. 샤인머스캣은 비싸서 나도 현지에서는 맛을 보지 못했지만 새로운 맛에 반한 현지인들은 기꺼이 지갑을 열었다.

베트남에서도 달랏, 사파 등 일부 지역에서 딸기를 재배한다. 하지만 베트남인들 인식에는 '딸기는 한국산'이라는 명제가 성립되어 있다. 한국산 딸기를 홍보하기 위해 aT(한국농수산식품유통공사)와 함께 한국과 인연이 있는 베트남 현지 가수, 연예인을 섭외하기도 했다. 그만큼 한국 수출관련 기관에서는 한국산 딸기를 홍보하고자 애쓰고 있었다. 그 덕에 늘 한국산 딸기는 부족했다. 저장기간이 짧은 딸기는 비행기로 모셔 와야 했다. 현지에서 워낙 인기가 좋아 일부 현지 유통사에서는 직접 한국 수출업체와 계약해 물량을 공급하기도 했다.

딸기 판매물량이 왜 부족할까? 원인은 다양했다. 국내산 가격이 높은 경우엔 농가가 국내로 판매해 버린 경우, 수출절차(검역증명서, 원산지증명서 등)의 규정을 갖춘 농가를 찾기 힘든 경우, 기후변화의 영향으로 딸기 물량이 충분하지 않은 경우, 해외 소비자가 원하는 품종이 아닌 경우 등이다. 이처럼 해외에 우리 농산물을 제대로 공급하기 위해서는 다양한 이해관계자들의 협업과 생산-유통-판매(판촉, 마케팅) 등 전 분야에 철저한 준비가 필요하다. 생산만 한다고 능사는 아니다.

베트남 현지 유통매장 내 진열된 한국 딸기

경기도 협업 한국산 농산물 홍보(2018년 하노이 BIG C)

현지 유통매장 내에서 해외 신선 농산물과 경쟁이 치열한 품목은 사과다. 미국산, 뉴질랜드산, 중국산, 프랑스산, 일본산 등 다양한 국적과 싸워야 한다. 경북산 사과 판촉전을 시행했을 때였다. 겉모양이 중국산과 동일한 우리 사과는 베트남 소비자들의 외면을 받았다. 오염된 재배환경, 농약의 무절제한 사용 등 중국산 농산물을 신뢰하지 않기 때문이다. 특히 중국산 농산물과 겉모습이 비슷한 우리 농산물에는 차별화가 필요했다. 결국 한국어가 적힌 띠지를 둘렀다. 맛이 월등히 좋은 우리 사과의 판매량은 훨씬 높아졌다.

그러나 또다른 문제도 생겼다. 한때 베트남에 한국산 배가 물밀듯이 밀려온 적이 있다. 현지 대형매장 어디든지 한국산 배가

베트남 현지 유통매장 내 진열된 각국 사과

있었다. 당시만 하더라도 한국에 비해 값도 30% 정도 낮았다. 하지만 품질관리가 제대로 되지 않았다. 배가 이리저리 나뒹굴었는지 여러 군데 찍혀 있었다. 시장에서도 한국산이라 띠지를 두른 배가 판매되고 있었다. 싸다고 구입한 그 배는 아무 맛이 없었다. 나중에 확인한 바로는 중국산 배를 '한국산'이라고 적힌 띠지만 둘러 판매하는 상인들이 많다고 했다.

2004년 한국 수출농산물 공동브랜드인 휘모리(Whimori), 2016년 농협의 NH K-farm 등의 농산물 수출 공동브랜드가 있긴 했다. 하지만 뉴질랜드의 제스프리, 다국적 공동브랜드 돌(Dole), 델몬트(Delmonte)처럼 해외 소비자들의 인지도는 얻지 못했다. 한글로만 '한국산'이라 적힌 띠지로 값싸게 생산된 해외 농산물들이 우리나라의 때깔 좋고 맛 좋고 안전까지 겸한 농산물과 혼동된다면 이만큼 한탄스러울 때가 있을까?

먹거리는 문화다. 한국어가 브랜드인 시대다. 'K-' 로고는 유효하다. 한국어가 써 있으면 더 잘 팔린다. 품질도 으뜸이라 평가받는 우리 농산물이다. 이젠 그에 걸맞는 이름을 얻어 K-농산물을 널리 알려보자.

# 4장

# 다시, 꿈꾸는 농촌으로

# #4

기술과 인프라가 풍성하게 채워진 농촌을 상상해 본다.

2041년 11월 26일. 엊그제 축구 동호회가 있었다. 무릎의 뻐근함으로 고생했는데 하룻밤 사이 침대가 내 몸을 정상으로 회복시켰다. 6시간 내로 건강을 회복시키는 침대 기술의 발달 덕이다. 한편으론 내 몸이 건전지가 된 것 같다. 몸상태를 측정한 수치는 곧장 농장으로 전송된다. 전송된 데이터를 바탕으로 균형잡힌 아침식사가 준비되었다. 물론 내 입맛에 적중한 식사다. 제대로 준비된 한끼 식사는 기분까지 상쾌하게 만든다.

아침 출근은 회의룸이다. 대형스크린 안에는 원격으로 직원들이 모였다. 다른 공간의 사람들이, 사물들이 실시간 변하며 회의룸을 달군다. 오늘은 우리 농장 농작물들의 생육상태를 띄워놓고 세계의 전문가들과 회의를 진행한다. 이틀 전 독일 가정에서 희귀병에 걸린 딸의 치료를 위해 특정 성분을 함유한 딸기를 요청했다. 한국의 품종개량팀에도 요청했지만 오늘은 네덜란드산 신품종을 가지고 우리 땅에 적합한지 최종 결과물을 점검하기로 했다. 아쉽게도 우리 토지는 성분 A가 2% 부족해 미국의 파울 씨 농장으로 연계해 생산장소로 적합한지 평가를 요청했다.

농업이 세계의 주요 산업으로 떠오르면서 농업인들에게 라이선스가 부여되었다. 아무나 농업활동을 못하는 시대가 왔다. 농업인들은 예전처럼 직접 흙을 만지지 않는다. 전 세계 소비자들의 의견을 듣고 내가 원하는 사업과 적합할 경우에만 진행한다. 소비자가 원하는 것은 너무 다양하다. 농촌에서 취미생활을 하고픈 사람, 치료를 원하는 사람, 자녀교육을 농촌에서 하길 원하는 사람도 있다. 사람 만나기 힘들다고 농촌으로 직접 방문하는 소비자도 있다. 하고자 하는 농촌분야 사업을 선택하면 다른 농업인들이나 소비자들과의 교류가 자유로워 하루 만에 농촌 신사업이 만들어진다.

일주일에 한 번씩 농장 점검 모니터링은 필수다. 또다시 회의룸이다. 화면 가운데 작물들을 실시간으로 연결한다. 올해 작물은 총 100여 가지다. 먹거리를 통한 건강의 중요성이 끊임없이 부각되어 치료용 작물들을 생산하게 되었다. 우리 농장 주요 고객은 전 세계 부호들, 제약회사, 병원 등과 연계되어 있다. 부작용이 심했던 약을 대신해 인체에 흡수가 빠르고 더 건강한 먹거리를 생산하는 방식이다. 먹거리가 약을 대신한다. 일부 가족은 자신의 먹거리가 자라나는 과정을 실시간으로 확인한다. 대학에서는 실험실 대신 우리 회사 작물의 생육환경을 모니터링하면서 수업을 진행하기도 한다. 내가 일하는 공간은 생활터, 쉼터, 교육터, 치유터 등 다양하게 활용되고 있다.

내가 바라는 미래의 농촌이다. 20년 후에는 사람도 인프라도 마음도 자연도 모두가 어우러질 수 있는 공간이 되길 희망한다.

# 미래 농업환경과 미래식량

몇 년 전 아프리카에서 유학 온 친구가 말하길 대구가 덥단다. 체감온도는 40도를 넘었고 햇볕이 너무 따가웠다. 심지어 양산까지 무료로 나눠주는 행사가 열릴 정도였다. 폭염이 대구를 삼켰다. 광주에서도 발생했다. 폭염이 별명까지 지어줬다. '광프리카'란다. 광주와 아프리카의 합성어다. 갑자기 5월부터 모기들도 들끓었다. 밀양에도 태풍이 3회 연속으로 지나갔다. 농가들은 피해를 입었다. 예기치 못한 상황에 대비를 할 수 없었다. 그해 부모님이 수확한 감자량은 기존에 비해 절반에도 못 미쳤다.

기후위기는 모든 산업에 영향을 미친다. 특히 농업은 직·간

접적으로 자연의 영향을 많이 받는다. 예측 불가능한 기후변화, 자연재해는 농작물 생장에 큰 피해를 준다. 병충해가 대량으로 발생하며, 급작스러운 미생물 발생으로 토양성분이 변하고, 가뭄과 홍수도 빈번히 발생했다. 갑작스런 환경변화는 농작물의 작부체계, 생산성 등에 영향을 미쳤다.

통계청의 인구전망자료에 의하면 세계 인구수는 2022년 약 79억 7천만 명으로 2070년에는 약 103억 명이 될 것으로 전망했다. 고령화로 인한 인구 증가, 도시화와 산업화의 물결은 농업 생산성을 불안정하게 만들었다.

특히 경제성장으로 변화된 식습관은 국가별 육류섭취를 증가시켰다. 사람들에게 공급할 육류를 생산하기 위해 가축들을 더 많이 길러야 했다. 가축들의 곡식도 더 필요했다. 한 토지에서는 사람이 먹어야 할 곡식을 기르고 또다른 토지에서는 동물들이 먹어야 할 사료를 길렀다. 농지로 활용되던 장소는 돈이 되는 상업적 장소로 변하고 있다. 아픈 자연은 농사를 짓기에 충분한 조건을 제공하지 못했다. 따라서 농업생산성은 낮아지고 있다. 그에 반해 수요는 더 많아졌다. 일부 보도자료에 따르면 미래 식량생산량이 인구 증가 및 요구 속도에 미치지 못할 것이라 주장한다. 지금 당장은 마음에 와닿지 않는 말일 수 있다. 하지만, 지금부터 준비해야 한다. 미래 먹거리 확보를 위한 노력은 이제부터다.

## 🍎 한국에서도 열대식물 재배면적이 확대된다

우리나라가 'Hot'해졌다. 겨울 한파기간도 예전보다 훨씬 짧아졌고 뜨거워진 대기는 생태계에 많은 변화를 초래했다. 해수면이 상승했고 일부 지역엔 물이 부족했다. 또다른 지역에서는 사람의 건강을 위협할 정도의 폭염이 발생했다. 봄철의 꽃들은 이른 봄을 맞아 개화시기가 두 걸음 빨라졌고, 가을 단풍은 한 걸음 물러나는 등 생태계 시계가 먹통이 되기도 했다.

코로나19 이전 활발했던 해외여행과 농산물 개방화의 영향으로 한국에서 보기 힘들었던 열대과일이 소비자들을 유혹했다. 국내 과일에 싫증을 느낀 이들은 환호했다. 우리나라 사람들의 입맛도 변했다. 열대과일에 길들여진 소비자들은 한국산 과일들을 외면했다. 구매자들의 선택 폭이 넓어졌다. 그 덕에 선택받지 못한 한국 농가 제품들은 버려지거나 헐값에 넘겨졌다.

수입 농산물은 낮은 생산비(토지임대료, 인건비 등)를 앞세워 국내산보다 가격경쟁력에서도 우위를 차지하고 있다. 국산 농산물은 안전성과 품질로 승부수를 던졌다. 더위는 한국농업에 또다른 기회를 가져다주었다. 일부 작물은 생산지가 위로 이동했지만 대신 열대작물을 기를 수 있게 되었다. 작물의 전환이다. 안전한 국내산 해외 농산물을 만날 수 있는 시대가 열린 것이다.

지역 특산물의 명칭들은 품종개량이 되지 않는다는 가정 하에 바뀔 것이다. 영천은 포도, 사과는 밀양 얼음골, 경북이라는 수식어는 조만간 사라질 것 같다. 우리나라도 기온이 상승하고 있다. 농촌진흥청 국립원예특작과학원 과수생육·품질관리시스템에서 제공하는 시기별 사과 재배적지 변동예측도를 보면 1981~2010년과 2015~2024년의 면적 차이는 거의 없다. 하지만 2045~2054년에는 중부와 남부의 사과 재배적지가 사라지고 강원도 일부 지역만 남아 있다. 지금으로부터 50년 후인 2085년에

〈시기별 사과 재배적지 변동예측도〉

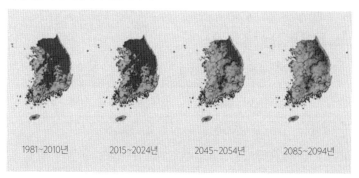

자료: 농촌진흥청 국립원예특작과학원과수생육·품질관리시스템

는 사과 재배적지의 90% 이상이 사라질 것으로 보인다.

그에 반해 대한민국 열대식물 재배면적은 2020년 10%에 달하며, 2080년에는 약 60%까지 증가할 것이라는 전망이다. 농촌진흥청에서는 기온 상승에 따른 아열대 작물 20종을 우리나라 적합 작물로 선정했다. 열대 채소는 오크라, 삼채, 여주, 공심채, 아티초크, 인디언시금치 등 12종이며, 아열대 과일은 망고, 패션프루트, 용과, 파파야, 구아바 등 총 8종이다.

많은 지자체와 농가들은 신소득 작물 선정과 기후변화 대응을 위한 열대작물에 관심이 높다. 현재 우리나라 농업 부문 기후변화와 관련된 연구는 RDA(농촌진흥청)를 중심으로 이뤄지고 있다. 기후변화 연구는 크게 예측, 적응, 완화 3가지로 구분한다. 예측은 기후변화의 취약성과 영향에 관한 평가가 이뤄지며, 적응은 재배사양과 품종개발 등을 통한 농작물 피해를 최소화하는 것이다. 마지막 완화는 온실가스 저감과 에너지 효율 제고를 위한 연구를 예로 들 수 있다.

기후위기와 관련된 농업기술은 많은 부분 개발되었고 연구 중이다. 이는 빅데이터를 활용한 작물정보 제공 기술, 농지와 농기계, 용수 등을 활용한 노지 스마트팜 기술, 기후변화를 견디기 위한 다양한 육종기술, 그 외에도 유전자 변형, 교정 기술을 활용한 신품종 개발 기술 등 다양하게 추진하고 있다.

기상변화로 농업 피해가 지속해서 증가하고 있다. 농업인들은 기상정보가 중요하다. 기후와 밀접한 농사에서는 미리 대비해야 하기 때문이다. 비가 많이 내린다면 물길을 정비해야 하고 가뭄이 오래 지속되면 농업용수를 공급해야 한다. 태풍이 온다면 비닐하우스가 날아가지 않도록 재정비해야 한다. 기후에 따라 농업인들이 취하는 행동은 달라진다. 빠른 시간 내 기상정보를 확인할 수 있어야 농업인들의 피해를 최소화할 수 있다.

현재 농업인들이 기상정보를 확인할 수 있는 창구는 뉴스 후 방영되는 오늘의 날씨다. 기상청에서 제공하는 기상예보는 제공범위가 넓어 농가별 적용이 어렵다. 당연히 농업인들에게 외면받았다. 한 지역 내에서도 기상의 특성은 다 다른데 농장별 활용범위로 사용하기엔 넓었다. 농가에서 필요로 하는 정보는 내 농장 정보다. 더 세밀할 필요가 있다. 농업 부문에만 특화된 기상정보가 필요했다.

농촌진흥청의 국립농업과학원 농업기상재해 조기경보시스템은 농업 부문 특화 기상정보의 필요성을 반영했다. 농장별 상황에 맞는 날씨 현황, 재해정보, 재해위험 발생 시 관리대책을 휴대폰 알림 서비스로 농업인에게 전달한다. 2016년부터 섬진강 수계 시·군·구의 신청 농가들을 대상으로 데이터 구축과 사업평가를 진행했다. 농가 맞춤형 정보를 제공하기 위해 주요 작물별 생육단계, 기온, 강수량, 바람, 일사, 상대습도 등 기상정보와 서리, 고온 등 기상위험에 대한 정량화, 농가 속성자료 등 데이터 구축이 무엇보다 중요해졌다.

자신의 농장에 이 조기경보 시스템을 시범적으로 활용해 보고 싶다면 농업기상재해 조기경보시스템(agmet.kr) 사이트에 접속해 서비스 신청서를 작성하면 된다. 서비스 제공지역은 밀양, 통영, 구례 외 총 62개 시·군이다. 이 사이트에서는 농장 날씨, 전국기상특보, 농장재해, 자원농가관리, 전국기상위험의 정보도 제공한다. 농장 날씨에는 최대 9일치 예보를 필지별로 아침과 한낮 기온, 풍속, 강우량 등이 포함되어 있다. 전국기상특보는 현 상황의 폭염, 태풍, 대설 등으로 구성하며, 전국기상위험은 가뭄, 일조량, 냉해 등에 대해 약 800개 유역별 기상특보를 전달한다. 농장재해 역시 필지별로 현 재배작목에 대해 대응지침을 제공하고 있다.

## 🍎 미래식량 대안은?

전 세계 식량문제는 늘 화두다. 특히, 코로나19로 인해 일부 국가에서는 휴지, 물 등 필수품 사재기가 발생했다. 우유, 달걀 등의 일부 식품도 구하기 어려웠다. 미국에 이민 간 지인에게도 동일한 어려움이 발생했다. 지인의 자녀들이 달걀이 먹고 싶어 했다. 하지만 달걀은 없었다. 상황이 여의치 않자 직접 기르기로 했다. 앞마당에 조그만 양계장을 만들었다. 판매가 목적이 아닌 달걀 자급자족용으로 말이다. 닭 10마리에서 매일 아침 5개의 달걀을 얻는다. 쇼핑 리스트 목록에서 달걀이 사라진 지 오래다. 비대면 시대가 길어지자 사람들은 직접 채소를 기르기도 했다. 갇힘의 갑갑함을 이 작은 생명체들에게서 일부 해소했다. 그 덕에 가드닝 사업도 성장했다. 하지만 개인의 텃밭으로도 내가 먹는 농산물을 모두 다 직접 생산하기는 어렵다. 일부일 뿐이다.

식량수요는 지속해서 늘고 생산은 줄어드는 현실에서 아무런 대응을 마련하지 않는다면? 자연도 항상 우리 편이 되어줄 수는 없다. 기후변화는 세계 곳곳에 경종을 울렸다. 1992년 유엔 기후변화협약을 지나 1997년 교토의정서에서 선진국들이 온실가스 배출량을 18% 감축하는 방안을 마련했다. 하지만, 전 세계는 지구온난화로 이상기후 현상을 연이어 겪었다. 우리나라 역시 30년 동안 1.4℃가 상승하는 위협적인 시기를 맞고 있다. 지구 온도가 2℃ 높아질 경우 한파, 폭염 등 인간이 감당하기 힘든 수준의 자연재해가 발생한다. 결국 2015년 파리협정에서는 더 체감적인 대안으로 지구 평균온도의 상승폭을 산업화 이전 대비 1.5℃로 제안하는 목표를 세웠다. 이젠 모든 국가가 참여하는 보편적 기후변화 체제로 돌입했다. 온난화의 주범이 바로 이산화탄소이기 때문에 배출량은 줄이고 흡수량은 늘리는 탄소중립이 필요했다. 전 세계 많은 국가에서 탄소중립을 선언했다. 우리나라도 2020년 12월 '2050 탄소 중립'을 발표했다.

농업 부문에서 탄소배출 감소와 관련된 이슈는 신재생에너지(가축분뇨 등), 장내 발표 개선 등 가축과 관련된 내용이 많다. 그렇다면 전 세계가 지향하는 탄소중립을 지키면서 맛있는 고기를 먹을 대안은 없을까?

한 미래학자는 3대 대안 식량으로 배양육, 식물성 고기, 식용 곤충을 말했다. 그만큼 단백질에 대한 수요가 세계적으로 높아지면서 대체육의 중요성이 높아졌다. 배양육은 세포증식 기술을 활용한 고기다. 일명 '시험관 고기'라고 불린다. 배양육과 식물성 고기는 도축이 필요하지 않아 가축 질병, 축사 악취, 동물복지, 축산업 온실가스 배출 등의 대안으로 알려져 있다. 배양육은 성장 가능성이 크다. 질감, 식감, 향에서 실제 고기와 유사할 정도로 기술이 발전했다. 비싼 단가와 안전성 문제로 당장 상용화하기 힘들지만 많은 기업이 눈독을 들이는 사업이다.

배양육을 안전성 문제로 꺼리는 나라가 있지만 싱가포르는 환영했다. 싱가포르는 약 90%의 식량을 수입하는 국가다. 2030년까지 기술혁신을 통해 식량자급률을 30% 이상 끌어올리는 것이 주요 목표다. 그래서 배양육 기술을 더욱 장려했다. 미국의 잇저스트 회사는 싱가포르 식품청으로 배양육 생산과 판매를 허가받았다. 2년 동안 들인 노력의 결과다. 영국의 한 금융 서비스 업체는 배양육을 포함한 대체육 시장이 향후 10년 세계 육류 시장의 10%를 차지할 것이라 예상했다.

맥도날드는 미국 대체육 회사인 비욘드 미트와 협업해 햄버거를 만들었다. 완두콩을 기본으로 한 식물성 버거인 맥플랜트다. 최초의 식물성 버거는 버거킹에서 출시된 임파서블 와퍼다. 식품에 새로움이 첨가되면 늘 안전성 문제가 화두다. 임파서블 푸드에서 활용한 붉은 색소에서 아직 인체 안전성이 확보되지

대체육 햄버거(출처: 사이언스타임즈)

잇저스트 배양육 치킨너겟 구이(출처: 한겨레)

않아 이를 승인한 FDA(미국식품의약국)가 환경단체로부터 고소당하기도 했다. 논란은 끊임없지만 세계기업인 펩시코에서는 식물성 단백질을 활용한 스낵을 개발 중이며 타코벨도 새로운 메뉴 개발에 힘쓰고 있다.

직접 보고 먹기엔 거부감이 드는 식용곤충은 어떤 변화를 준비하고 있을까? 거부감을 줄이기 위해 곤충의 외형을 감추고 소비자들에게 부담없는 제품인 소시지, 미트볼, 초콜릿 등 다양하게 변신 중이다. 또한 농림축산식품부에서는 식용곤충 산업 육성을 위한 '제3차 곤충·양잠 산업 육성 종합계획'을 발표했다. 이는 소비자 인지 제고, 인프라 구축, 제품 개발 등의 계획을 포함한다. 익숙지 않은 먹거리를 미래식량으로 활용하기 위해 많은 숙제가 뒤따른다. 하지만 환경보호, 경제성과 안전성에서 우수한 평가를 받았다. 또한 인간의 먹거리 외에도 가축사료로 활용영역을 넓혔다.

미래 식량부족을 해결하기 위해 농업기술 발전과 더불어 많은 푸드테크 기업들의 기술혁신이 가속화되고 있다. 급변하는 외부 환경으로 먹거리의 중요성은 아무리 강조해도 지나침이 없다. 충분한 양의 식사를 사람들에게 제공할 수 있는가에 대한 문제다. 다른 한편으로는 과학기술 발달로 유전자 조작, 배양액, 콩고기의 첨가물 등 먹거리 안전성 여부에 대한 논란도 지속해서 발생하는 중이다. 많은 기업이 단백질 대체 식품에 주목하는 이유는 뭘까? 소비자들이 더 많은 단백질을 섭취하길 원하기 때문이다. 우리의 식습관을 점검해볼 필요가 있다. 과도한 단백질 섭취 습관이 원인으로 작용해 자연 황폐화라는 결과에 일조했을지도 모른다. 기업들도 소비자들의 선택에 따라 움직인다. 결국 미래식량 해답도 지금 우리의 식습관 연장선에 있다.

## 🍎 뼛속까지 국산이다

대한민국은 반도체가 강하다. 하지만 농업의 반도체로 불리는 종자산업은 아직 약하다. 지속가능한 농업을 위해 국내산 종자 보급이 지속해서 이루어져야 한다. 국립종자원 자료에 따르면 2021년 국내 종자자급률 중 채소 평균 자급률은 90%(토마토 54.9%, 양파 31.4%)로 높게 나타났지만, 과수 평균 자급률은 17.9%(사과 21.4%, 배 15%, 포도 4.6%, 감귤 3.2%)로 낮은 수준이다. 국내에서 기르는 많은 농산물은 수입 종자에 의존해 로열티를 해외에 지급하며 길러지고 있다. 심지어 IMF시기 우리나라 대표 종묘회사였던 흥농종묘, 중앙종묘, 서울종묘, 청원종묘는 해외업체에 매각되었다. 그 결과 우리나라 종자산업은 영세해졌고 위축되었다.

2014년부터 2018년 총 5년간 한국이 해외에 지급한 종자 로열티는 590억 원이다. 중앙종묘가 미국 몬산토로 넘어가는 바람에 청양고추도 이제는 우리나라 것이 아니다. 농림축산식품부는 종자산업의 경쟁력 제고와 민간 종자산업 육성을 위해 10년(2012~2021)에 걸쳐 다른 부서와의 협업으로 골든시드프로젝트(Golden Seed Project: GSP)*를 추진했다. 이 사업은 미니 파프리카의 국산화 그리고 병충해에 강한 토마토, 파프리카, 양배추 품종의 성공적 개발 등의 성과를 얻었다.

농림축산식품부는 제3차(2023~2027) 종자육성 종합계획에서 종자산업과 종자 수출액을 확대하기 위한 5대 전략과 13개 과제를 제시했다.

〈표 5〉 제3차 종자산업육성 5대 전략 및 세부 추진과제

| 5대 전략 | 세부 추진과제 |
|---|---|
| 하나.<br>디지털육종 등 신육종 기술 상용화 | ① 작물별 디지털육종 기술 개발 및 상용화<br>② 신육종 기술 및 육종 소재 개발 |
| 둘.<br>경쟁력 있는 핵심 종자 개발 집중 | ① 글로벌시장 겨냥 10대 종자 개발 강화<br>② 국내 수요 맞춤형 우량종자 개발 |

* Golden Seed는 같은 무게로 환산할 시 금값보다 비싼 종자의 가치를 의미함. 사업비 총 4,911억 원(민간 926억 원+정부 3,895억 원)이 투자됨.

| 셋.<br>3대 핵심인프라 구축 강화 | ① (인력) 육종-디지털 융합 전문인력 양성<br>② (데이터) 육종데이터 공공·민간 활용성 강화<br>③ (거점) K-Seed Valley 구축 및 국내 채종 확대 |
|---|---|
| 넷.<br>기업 성장·발전에 맞춘 정책지원 | ① R&D 방식 '관주도→기업주도' 개편<br>② 기업수요에 맞춘 장비·서비스 제공<br>③ 제도개선 및 거버넌스 개편 |
| 다섯.<br>식량종자 공급개선 및 육묘산업 육성 | ① 식량안보용 종자 생산·보급체계 개선<br>② 식량종자·무병묘 민간 시장 활성화<br>③ 육묘업을 신성장 산업화 |

자료: 농림축산식품부, 〈제3차 종자산업육성 5개년 계획 2023~2027〉, 2023

이번 3차 계획의 가장 큰 변화는 '정부주도'에서 '기업주도'로의 이동이다. 이 변화가 국내 종자수출에 활기를 보일 것이라는 기대의 목소리와 함께 종자개발이 수익성 높은 일부 품목으로 치우칠 것이라는 우려도 있다. 가상과 현실을 오가는 첨단 과학 기술들이 종자사업에도 적극 활용되어 10여 년 장기간에 걸친 육종개발 시간을 단축해 기후변화, 병충해, 지역맞춤형, 고객추구형 등의 다양한 품종들로 발전하길 바란다.

국내 소비자들도 국산 품종 농산물에 관한 관심이 뜨겁다. 코로나19 이후 먹거리 안전성에 관한 관심 증대와 로컬 농산물에 대한 신뢰도 향상으로 국내에서 생산한 농산물을 찾고 있다.

한 유통업체는 K-품종 프로젝트를 진행했다. K-품종으로 생산한 농산물을 판매하는 것이다. 국산 신품종으로 블랙위너수박이 출시되었다. 해당 프로젝트는 마트, 농가, 종묘사의 협업으로 진행했다. 소개된 수박은 아삭한 식감과 높은 당도로 소비자들에게 인기를 끌었다. 2021년은 국산 품종의 상품 수를 131개로 확장했다. 이 프로젝트를 통해 국산 품종 한국산 농산물의 천억 원 달성을 목표로 잡았다.

# 농촌의 세계화

　많은 시골 총각과 외국인 처녀가 결혼한다. 젊은 외국인 노동자들은 한국에 필요한 노동력을 제공한다. 외국인 노동자 없이는 한국사회가 마비될 것이라는 말도 서슴지 않는 시대가 되었다. 도시보다 농촌은 일터에서 다양한 문화에 속한 사람들과 어울려 살고 있다. 담양군에 등록된 외국인은 캄보디아인, 베트남인, 인도네시아인 등 20개국에서 온 사람들이다. 취업 근로자가 683명, 국제결혼이민자가 147명이다. 이 중 773명이 20대와 30대 청년들이며 취업자 중 농업종사자가 301명으로 가장 많았다. 다문화, 다국적 시대가 펼쳐졌다.

　한국인들이 꺼렸던 농촌의 수고로운 일자리는 외국인 노동자들에게 돈 벌 기회를 제공해 주었다. 대한민국의 농촌에는 한국어가 서툴거나 모르는 외국인들이 대거 유입되었다. 일을 시키는 사람과 일을 하는 사람의 언어가 통하지 않았다. 새로운 일꾼들과 함께 일하는 방법을 익혀야만 했다. 한국 농업인들은 우리 문화를 그들에게 전달하기도, 외국인 노동자들의 문화와 먹거리를 소개받기도 했다. 물론 의견충돌이나 잘못된 소통방식으로 인해 서로에게 상처를 주고받기도 한다. 그런데도 현재 농촌은 여러 국가의 노동자들과 함께 좌충우돌 독특한 인구구조를 만들어냈다.

인구감소 문제를 해결하기 위한 단기적 방법 중 하나인 외국인 이주민을 받아들이는 것, 이미 오래전부터 외국인들과 부딪치며 살아가고 있는 농촌은 타의든 자의든 이주민에 관한 고민의 중심이 되었다. 농촌은 한국의 미래 인구구조틀을 만들며 산다.


## 🍎 외국 식료품이 우리 마을에 있다

농촌에 이색적인 매장이 생겼다. 한국 농촌 거주민을 위한 매장은 아닌 것 같다. 판매품목들도 한국 일반 유통매장에서는 볼 수 없는 특이한 제품들이 많다. 뜻을 모르는 외국어로 적힌 식자재들이 즐비하다. 외국인 노동자, 결혼 이민자, 외국인들의 농촌 거주가 활발해지면서 만들어진 매장, 국제마트다.

내 고향 밀양에서도 외국 식료품을 판매하는 매장을 흔히 볼 수 있다. 식료품, 전화카드, 그리고 일부 지역에서는 신선 제품까지도 판매한다. 무엇보다 외국인들은 타국에서 손쉽게 자국 음식을 맛볼 기회가 생겨 즐거워했다. 타국 생활로 지친 마음을 고향 음식으로 달래기도 하며 친해진 외국인들에게 손수 만들어 음식문화를 소개하기도 했다.

충남 예산에서는 예비 사회적기업으로 지정된 아시안푸드마트협동조합이 활동했다. 이곳에는 베트남, 캄보디아, 태국, 우즈베키스탄 등 아시아 각국의 식료품 및 공산품을 판매했다. 결혼 이민자들을 식당 운영 및 판매원으로 채용하여 지역에 적응하도록 도왔다.

이 같은 사업의 장점은 많다. 이민자들에게 일자리를 제공해 다문화 가정이 지역사회에 융합될 수 있도록 돕는다. 사람들에게 외면당할 수 있는 소외계층을 사회로 끌어낼 수 있다. 그리고 외국인 소비자들은 자국인과 소통할 기회를 제공받는다. 소비자들에게 한국의 유용한 정보를 직접 전달할 수 있다. 그리고 필요에 따라 한국 농촌지역에 살아가는 외국인들의 정보를 획득할 수 있는 플랫폼으로도 활용할 수 있다. 노동자지원센터가 시내에 위치해 외국인 노동자가 시간을 내 찾아가기 힘든 경우가 많다. 앞으로는 유통매장으로만 역할을 한정하지 않고 외국인들의 교육센터, 지원센터 등 다양한 분야와의 협업으로 종합정보센터, 다문화가정 놀이방 등의 역할 확장성을 기대해 본다.

## 🍎 외국 채소들이 한국 땅에서도 자란다

소비자들은 다른 것을 찾기 시작했다. 음식도 마찬가지였다. 늘 먹던 음식 말고 색다름을 찾았다. 향신료가 듬뿍 들어간 동남아 특유의 냄새가 국내 소비자들을 유혹했다. 저가 항공기 수가 많아지면서 해외여행이 일상이었다. 동남아 해외여행을 통해 한껏 맛들인 입맛을 한국에서 찾았고 여행의 추억을 음식을 통해 회상하기도 했다. 외국인들이 자국의 채소가 그리워 몰래 심던 외국 특수채소가 이젠 한국 소비자들도 즐겨 찾는 음식재료로 자리를 잡는 중이다.

고기와 상추의 먹거리 궁합은 저물었다. 상추를 대신하는 선수가 나왔다. 아스파라거스다. 소비자들의 입맛은 변했다. 그 결과 한국에서 생산하는 외국 특수채소 재배면적은 지속해서 확대되었다. 외국인들은 한국 대형매장에서 자신이 원하는 채소 일부를 구매할 수 있다.

미식 열풍과 식생활의 다양성, 소비자들의 식습관 변화로 특수채소가 인기를 끌자 호텔 쉐프는 농사가 제2의 직업이 되었다. 한 유통매장에 '셰프의 허브' 코너가 신설되기도 했다. 매출액이 무려 65% 이상 증가했다. 미식 정보들을 쉽게 접할 수 있어 사람들은 조금 낯선 식재료에 과감해졌다. 홈파티와 가심비를 선호하는 분위기가 형성되면서 고급 레스토랑풍을 따라할 수 있는 음식 재료가 인기를 모았다.

유명 전문 요리사들은 일반 농장에서 구하기 어려운 채소들을 직접 조달하기 위해 특별주문 농장을 선정하거나 특수채소 농장을 운영한다. 특수채소 농장은 경기도, 충북 제천, 강원도, 제주 등 여러 지역에 분포한다. 재배되는 품목들은 고깔 양배추, 콜라비, 파슬리, 레몬그라스, 공심채, 바닐라빈 등이다. 수십억 원에 달하는 매출을 올리는 농장도 있을 정도로 특수채소 시장은 성장하고 있다.

소비자들의 입맛이 변한다는 것은 우리 농산물의 재배품목도 변화해야 함을 의미했다. 특수채소와 관련한 식자재의 수요는 증가했으나 공급은 충분치 않다. 처음 농업을 접해본 사람이라면 기존 농가들이 이미 터 닦은 품종을 선정해 경쟁하는 것은 경영 위험도가 상대적으로 높다. 현재 수요가 존재하지만 기존 농가에서 알지 못하거나 재배하지 않는 새로운 품목에 도전해

보는 것도 기회다. 주변 농가에 도움받기가 힘들 수 있지만, 신품종 재배에 성공했을 때는 틈새시장을 먼저 선점할 수 있기 때문이다.

충남 홍성군에 사는 30여 명의 청년들은 특수채소로 고소득을 올린 귀농 청년농업인들이다. 지자체는 이들의 의견이 교류하도록 그리고 생산한 특수채소를 판매하도록 유통단체들과 연결시켰다. 청년들은 교류모임을 통해 작물선정부터 재배방법, 유통까지 특수채소와 관련된 정보들을 나눌 수 있게 되었다. 루꼴라는 피자와 스파게티, 파스타에서 많이 사용되는 특수채소 식재료로 인기가 높다. 다른 채소들은 카페, 고급 음식점으로 납품하는데 참여농가의 평균 소득은 1억 원에 달한다. 이들이 단기간에 높은 소득을 올릴 수 있었던 것에는 여러 이유가 있다. 첫째로 소비지가 명확했다. 둘째로 공급량이 충분하지 않아 생산하는 즉시 판매 되었다. 셋째로 지자체에서 유통로를 연결했다. 농업은 무엇보다도 유통로가 중요하다. 잘 알려지지 않은 품목일수록 판매처를 미리 선점하는 것이 필요하다.

# 🍎 이젠, 다민족 정신으로

대한민국은 오랫동안 한민족으로 소개되었다. 그러나 시간이 흐를수록 정보와 통신, 교통의 발달로 국가와 국가 간 거리는 더욱 좁혀졌다. 코로나 이전까지 국제결혼, 이주 노동자와 외국 유학생 증가 등으로 외국인들과 교류도 활발했다.

도시보다 농촌의 외국인 며느리 수는 상대적으로 많고 외국인 노동자 수도 급격히 늘었다. 하지만 농촌은 '한국어가 가능한 외국인'의 수 혹은 '외국어를 잘하는 한국인'의 수가 턱없이 부족했다. 외국인 노동자를 농장에 데려왔으나 서로 대화할 수 없어 난감한 상황이 종종 발생한다. 농장 주인은 베트남 노동자에게 "풀을 뽑으라"라고 이야기했지만 "뽑으라"라는 말만 이해한 노동자는 농작물도 '모두' 뽑아버렸다. 이런 어처구니없는 상황을 맞닥뜨린 농장 주인은 직접 베트남어 회화책을 구매했다. 그리고 현재는 독학으로 베트남어를 공부 중이라고 했다.

대학교 때 남해로 통역 아르바이트를 하면서 만난 베트남 며느리가 있었다. 성격도 쾌활하고 매사 적극적인 언니였다. 언니와 대화를 나눌 때 이상한 점이 있었다. 자신이 연애결혼을 했음을 늘 강조한다는 것이다. 남편분이 베트남으로 여행을 오면서 만나게 되었는데 한국남자의 남자다움에 매료되었다고 했다. '연애결혼'을 강조하고 자랑스럽게 여기는 이유가 뭘까? 얼마 후 읍내에서 본 현수막을 통해 언니의 말뜻을 알게 되었다. '아직 늦지 않았습니다. 베트남, 캄보디아, 태국 처녀와 결혼 가능합니다.' 그리고 쓰인 ○백만 원. 언니는 한국으로 팔려 온 게 아니라는 의미였다. 그저 사랑하는 사람과 함께 한국에 사는 것뿐이라고 말이다. 내가 언니와 같은 입장이라면 저런 현수막 문구가 마음을 아프게 했을 것이다. 함께 살아가는 사람들이 나를 그저 이방인 취급하며 자신들에 비해 열등하다고 여긴다면 과연 삶에 어떤 희망을 품고 살아갈까?

다문화 가정은 이제 주변에서 쉽게 만날 수 있다. 다문화 인구에 대한 시선은 선입견과 편견에 머무는 경우가 허다하다. 특히 우리나라보다 못산다고 평이 난 나라의 국민은 더 못난 대우를 받는다. 여자쪽 집에 지참금을 지급하는 문화가 있는 일부 국가에서 온 여성들도 있다. 물론 그들의 가정경제를 위해 한국 농촌남성과 결혼하는 경우도 있지만, 잘 살아가는 부부들도 많다. 하지만 이혼, 가출, 폭력이라는 사회적 문제도 종종 발생한다. 기혼 여성의 사회 부적응과 자녀교육 문제가 농촌지역 다문화 사회에 가장 큰 걸림돌로 작용한다. 다문화 가정에 발생하는 어려움을 해당 가정에만 돌릴 수는 없다. 이들에 대한 긍정적 인식 제고를 위해 다함께 노력해야 한다. 한국에 사는 다양한

국적의 사람들이 지역사회로 흡수될 수 있는 장치(언어교육, 문화·사회 적응, 자녀교육 등)가 마련되어야 한다.

EBS에서는 한때 〈다문화 고부 열전〉을 방영했었다. 외국인 며느리와 한국 시어머니 간의 문화, 언어 등 다양한 갈등을 주 내용으로 다룬 다큐멘터리다. 2018년 방영분 중 베트남 며느리 김서영 씨 이야기를 접하게 되었다. 14년 전 한국으로 시집온 그녀는 8년 전 암으로 남편을 잃었다. 그는 두 아들과 어머니를 자신이 돌보겠다고 남편에게 약속했다. 서영 씨는 늘 시어머니 걱정이 앞선다. 홀로 밭일을 하는 시어머니의 안부를 살피고 반찬을 해드리는 것도 잊지 않는다. 남해에서 베트남 음식점을 운영했지만 베트남 선원들이 줄어들어 식당을 지속하기 힘들었다. 식당 장소를 시내로 옮기기로 했지만 시어머니가 걱정이었다. 함께 살자고 권유하는 며느리, 며느리가 힘들까 봐 혼자 살겠다는 시어머니. 그래서 갈등이 생겼다. 그렇게 서로를 위하는 마음 때문에.

서영 씨는 시어머니와 두 아들과 함께 베트남 친정을 찾았다. 베트남의 친정어머니는 자신의 딸과 사돈의 관계를 부러워했다. 둘의 사이가 친 모녀 같다는 것이다. 아무리 딸이라도 자신에게는 터놓지 않는 마음을 사돈에게는 터놓는다고 했다. 그들의 삶을 통해 국적은 달라도 서로를 이해하고 사랑할 수 있다면 문화 장벽은 결코 높은 것이 아님을 다시금 깨달았다.

지금 농촌에는 외국인 노동자, 결혼 이민자 외에도 결혼 이민자 2세들도 함께 살고 있다. 결혼 이민자 2세는 또다른 형태의 문화와 교육, 생활 모습을 마주하게 된다. 하나의 이미지로 굳어진 농촌과 농업 시대는 끝났다. 세상도 변했고 사람도 변한다. 농촌의 다문화 가정은 이제 새로운 가정 형태로 발전할 것이다. 변화하는 현재에 우리가 할 수 있는 가장 효과적인 행동은 '새로운 것' 혹은 '다른 것'에 대한 배척이 아니라 '품을 수 있는 능력을 갖추는 것'이다.

# 기술발전과 농촌의 새로운 도전

기술이 빠르게 발전했다. 꿈꿨던 일들이 일어나고 있다. 디지털시대 온라인 환경에 익숙한 우리는 마음만 먹으면 어디로든 향할 수 있다. 공간의 경계는 사라지고 실제와 가상현실이 결합된 시대에 살아간다. 가상세계에서 데이터를 활용해 미래 상황을 예측하고 현실의 최적값을 찾아낸다. 또한 직접 방문해 확인했던 일들이 모니터 속으로 들어와 시간과 비용을 줄였다. 디지털트윈 기술이다. 가상현실과 농촌현장(데이터 결합)으로 미래 농업 상황을 예측할 수 있다면 농업경영의 위기는 줄고 기회는 늘어날 것이다.

환경오염, 바이러스 발생, 전쟁 등의 영향으로 도시경제가 주춤하는 사이, 농촌경제는 살아나고 있다. 기술, 인프라, 사람의 부족으로 힘들게만 느껴졌던 농촌이 다음 세대를 향한 기회를 만드는 중이다. 농촌 삶에서 현저히 부족했던 문화, 교육, 의료, 인프라 부족 문제를 해결하기 위해 스마트농촌이 준비 중이다.

## 🍎 공간의 유연성이 부른 풍족한 농촌생활

농촌도 변하고 있다. 일부 지자체에서는 청년들과 중소기업들을 모으기 위해 원격근무를 위한 인프라를 준비하고 있다. 공간의 유연성이 생기면서 농촌에서의 삶은 더 풍족해졌다. 자급자족이 가능한 텃밭을 가꿀 수 있고 도시에 비해 값싼 생활비와 주거비로 한층 두터워진 주머니 덕에 누릴 수 있는 경제적 여건도 상승한다. 그리고 기술은 농촌의 열악한 인프라들을 하나 둘 채워가고 있다.

농촌생활의 가장 큰 문제로 손꼽혔던 의료와 교육이 원격으로 진행될 수 있다면 일부 문제들은 해소될 것으로 기대한다. 교육은 코로나로 인해 많은 학습을 거쳤다. 지금의 변화들은 농촌에 또다른 희망들을 불러일으키는 중이다. 농촌에서는 문화생활에도 많은 제약이 있었다. 제대로 영화를 볼 공간도 없었고 연극은 말할 것도 없고 취미활동을 나눌 만한 공간도 마땅찮았다. 아이러니하게도 나는 서울에 살아도 제대로 서울을 누리지 못했다. 영화관도 박물관도 연극도 그저 사치였다. 바빴다. 할 게 많았다. 공간만의 문제는 아닌 것 같다. 하고자 하는 의지와 관심의 문제다. 내가 존재하는 공간을 탓할 것은 아니다. 적어도 내 입장에서는 말이다.

농촌에서도 문화를 누릴 공간이 많아졌다. 일부는 지역특성화 사업 그리고 농촌으로 향하는 크리에이터들의 등장 등으로 새로운 공간들이 많이 생겨나고 있다. 카페, 숙박업소, 폐교를 활용한 연극촌, 영화학교, 캠핑촌, 팜파티 등 모일 수 있는 공간은 계속 생성 중이다. 도시 사람들은 문화를 누리기 위해 농촌으로 향한다. 문화를 지역 혹은 공간으로만 평가하는 시대는 지났다. 이제 문화란 개인의 관심사와 그것을 누리고자 하는 노력 여부다.

## 🍎 먹는 게 품격이다, 농촌의 기회

코로나19 전후로 많이 변했다. 비대면 환경이 익숙해지면서 개인별 취향과 여건에 따라 소비패턴은 다양해졌다. 한때는 홈코노미(Homeconomy: 집이 주거공간에서 휴식·문화·레저까지 즐기는 공간으로 확장되면서 다양한 경제활동이 집안에서 이뤄지는 것을 의미함)가 대세였다. 코로나 이후 외부활동 제약이 풀리자 외식, 캠핑, 배달 등 집 밖 음식이 인기였다.

농촌진흥청은 농식품 소비트렌드 발표대회에서 10년(2010~2019) 동안 전국 2,254가구를 대상으로 한 조사 결과를 발표했다. 코로나19 이후 소비자들은 건강한 먹거리에 대한 관심이 급증했다. 그들의 주요 관심 농식품 구매 특징으로는 건강 및 영양, 편리함(조리), 구매 편리(시간, 온라인, 배달 등), 가성비였다. 특히 신선식품은 건강과 안전의 비중이 높아졌으며 물가상승으로 인해 식량작물을 제외하고 기타 품목들의 소비는 줄었다.

'건강이 최고다'는 남녀노소 가리지 않고 모두에게 해당하는 말이 되었다. 한 예능 프로그램에서 MZ세대들 사이에 유행하는 건배사 '8899 1234'를 소개했다. 팔팔하게 구십구 세까지 살다가 하루, 이틀, 삼일만 아프고 나흘이 되는 날 인생의 마침표를 찍겠다는 것이다. 누구나 건강한 삶을 간절히 원한다. 예전에는 편의점에서 간편음식으로 끼니를 때웠다. 건강보다 시간이 우선이었다. 발등에 떨어진 일부터 처리했다. 건강을 챙기는 것이 사치였다. 하지만 이제는 달라졌다. 내가 챙겨야 한다. 건강이 우선이다. 아프면 아무것도 소용없다는 현실에 고스란히 직면했다. 가장 먼저 식단부터 변경했다. 예전 식습관은 시간만 확보하기 위한 간편함이었지만 지금은 헬시플레저(Healthy Pleasure)로

즐겁게 건강을 관리하고 질병을 예방하고 있다.

가정간편식도 변했다. 이젠 이름을 가정건강식으로 바꿔야 하지 않을까? 가정간편식(Home Meal Replacement, HMR: 가정식 대체 식품으로 일종의 즉석식품. 그대로 먹거나 단순조리과정만 거치면 먹을 수 있도록 가공되어 포장된 제품)은 1인 가구, 젊은 부부를 겨냥했던 끼니 때우기 식품으로 태어났다. 하지만 누구에게도 예외없던 집콕 생활은 가정간편식을 급속도로 성장시켰다. 시간이 없거나 음식 만들기 귀찮아서 구매했던 가정간편식에 가족단위 집콕러들도 편승하기 시작했다. 기존 간편식들이 싼값과 간편함에 치중했다면 현재는 간편함에 건강함을 더한다.

밀키트는 재료가 준비된 형식으로 조리는 직접 한다. 손질된 신선 농산물 식재료와 소스를 이용해 쉽고 빠르게 조리할 수 있는 반조리식품이다. 음식 솜씨가 부족해도 괜찮다. 그냥 넣어서 끓이면 완성이다. 더이상 음식은 끼니를 때우기 위한 수단이 아니다. 즐거운 취미이자 놀이다.

외식산업 불경기는 제품의 다양성을 만들었다. 이제는 밀키트로 집에서 외식한다고 할 정도다. 이를 레스토랑 간편식(RMR)이라 부른다. 지역도 밀키트 사업에 끼어들었다. 해당 지역에 가야만 먹을 수 있던 음식과 재료들, 조리법들이 집으로 전해졌다. 유명 지역 음식을 간편한 조리음식으로 방구석에서 만날 수 있다. 지역 유명 맛집을 자원으로 활용했다. 국내산 지역 특산물을 사용해 건강한 프리미엄 밀키트로 변신했다.

먹거리 프리미엄에 대한 소비자들의 요구도 높아졌다. 프리미엄 식품 매장에 대한 수요가 활발했던 시절이 있었다. 음식만 판매하지 않았다. 소비자들에게 다양한 체험적 요소도 동시에 제공했다. 신제품에 대한 소개와 전문적 지식 전달은 기본사항이었다. 공간을 통해 아름다움을 느끼며 분위기에 매료되었다. 동시에 즐거움과 재미를 제공하기도 했다. 값비싼 고급화 이미지 매장을 활용하는 소비자들은 우월감을 가지기도 했다. 내가 속한 그룹은 다른 그룹과는 다르다는 점이다.[27] 고급화로 고객들에게 특정 계급이라는 차별성을 심어줬다.

소비자들이 원하는 먹거리 수준은 높아졌다. 때우기만 하던 시대는 지났다. 배고픔을 달래기 위한 수준도 아니다. 건강하기 위해 먹거리를 소비하는 수준으로 변했다. 음식으로 질병을 예방하길 원한다. 먹는 것으로 요리하고 체험하고 교육하길 원한다. 남들은 알지 못한 새로운 먹거리를 발견하고 나만이 누릴 수 있는 우월감을 값비싼 가격으로 대신하기도 한다. 소비자의 요구에 따라 식품시장은 더욱 다양화, 세분화 되었다.

초고령화 시대, ESG 경영, 친환경 소비 등의 중요성이 높아지면서 식품업체들은 실버푸드, 대체육, 바이오산업, 메디푸드에 주목하고 있다. 특히, 시니어들을 대상으로 한 건강식품 개발, 식습관 케어, 영양식단 제공 등을 내세워 기업들은 차별화 전략을 내세웠다. 식물성 음료, 단백질 사업을 확대하기 위해 콩 등 대체육 식품 개발도 진행 중이다. 또한 화이트바이오 산업과 접목해 옥수수를 활용해 화학소재를 대신할 플라스틱 등의 생산에 관심을 기울이고 있다.

명품을 가방, 의류, 자동차 등에 한정하지 말자. 이제는 농산물도 명품이 되어야 할 시기다. 특정 소비자를 위한 새로운 기능이 더해진 특별한 농산물로 나아가야 한다. 아직은 몇몇 품목이지만 세계에서 한국 농산물은 고품질로 알려져 있다. 충분히 가능성이 있다. 이제는 농산물에도 메이커를 붙이자. '나 OO 백을 들었다'가 아닌 '나 OO 먹는 여자야'라고. 이제는 먹는 게 내 품격이다. 먹거리로 건강 챙김과 사람들의 품격도 함께 높이는 시대를 마주하게 될 것이다.

## 🍎 저밀도 사회가 뜬다

도시에 편중된 인구문제는 터질 것 같은 집값 상승, 갑갑한 교통혼잡, 월급으로는 충당하기 어려운 생활비 증가 등으로 이어졌다. 도시빈민은 오래전부터 등장했다. 서울살이가 늘 도시인들의 넉넉함을 허락하지는 않았다. 경쟁 또한 터져나갈 듯했다. 그저 속도전이었다. 전염병까지 우리를 힘들게 했다. 대도시 중심의 밀집한 주거공간에 대한 고민이 시작되었다.

지속해서 감소하던 농촌인구는 2015년을 기점으로 증가세를 보였다. 2015년 936만 명이던 농촌인구가 지금처럼 농촌으로 향하는 인구가 지속적으로 상승한다면 2040년은 1,015만 명으로 증가한다는 추측이다.[28]

도시에서 농촌으로 왔다. 이들은 누리는 삶을 되찾기 위함이었다. 한때는 삶의 절반은 도시에서 생활하고 나머지는 농촌에서 생활하는 '반농반도'가 유행했다. 농사 초보자들은 일정 직업을 가지고 틈틈이 농사를 지었다. 가족과 떨어져 홀로 농촌에서 살아보고자 귀농을 택하는 어머니, 아버지도 있었다. 1970년대 선진국 중심으로 역도시화 현상이 일었다. 개인의 소득증대와 노동시간의 감소로 가족, 일, 쉼에 대한 균형을 되돌아볼 기회가 생겼다. 우리나라는 2000년대 중반부터 역도시화가 활발해지기 시작했다. 귀농·귀촌자들이 농촌으로 향하는 동기는 휴식, 농업 혹은 직장, 가족, 생활 등 유사했다. 도시생활이 더 치열할수록(경제성장률, 실업률, 주택매매가격, 노동시간 등) 농촌으로 돌아오고자 하는 사람의 수는 증가했다.[29]

농촌에 있더라도 하나의 직업군에 한정된 삶은 아닐 것이다.

직업 두세 개 병행이 가능하다는 이야기다. 농사일이 쉽다는 뜻으로 오해하지 않길 바란다. 농번기 혹은 온도가 높아지는 시기에는 농촌도 새벽부터 일한다. 재택근무가 가능하다면 농촌이라는 장소만 바꿔서 일이 가능하다. 주변 농가의 부족한 일손을 통해 용돈을 벌 수 있다. 지역주민들과는 지자체에서 진행하는 마을 사업도 함께 구상할 수 있다.

또한 금융위기 이후 OECD는 각국의 경제회복이 중심지가 아닌 농촌 같은 주변 지역에서 발생했다는 것에 주목했다. 저밀도 경제다. 이는 도시와 연계된 농촌에 대한 성장 잠재력이다. 이를 위해서는 경쟁력 있는 요소가 필수적이다. 프랑스의 렌 메트로폴(RM: 렌 지역과 주변 43개 지자체로 구성된 복합 공동체)에서는 인구감소, 고령화, 농토 감소가 지속되자 농촌과 도시의 상생을 계획했다. 지역 학생들이 식품산업을 연구하고 식품공급망을 활용했고 RM에서는 로컬푸드와 직배송 시스템을 장려했다. 그리고 아일랜드 스키베른 시는 ICT 클러스터(광대역 통신망) 구축을 통해 지역 일자리 창출, 창업기업 공간 제공, 학생 및 노인 그리고 지역주민 교육을 진행했다. 이는 농촌지역에 고속 광대역통신이 제대로 갖춰질 경우 도시로의 이동률이 감소해 지역 성장에 도움을 줄 것이다.[30]

저밀도 경제성장을 위해서는 도시와 농촌의 협력이 무엇보다 중요하다. 다양한 주체들이 농촌이라는 공간에서 융합하는 것이다. 기술의 발전은 도시와 농촌의 거리를 좁혔다. 농촌의 가장 큰 제약성이던 거리의 불리함이 완화되기 시작했다. 도시는 무엇이든 과포화다. 새로운 공간이 필요했다. 그에 반해 농촌은 인프라와 사람이 부족했다. 결합이 일어났다. 농촌별 특수성에 따라, 도시별 경쟁력 분야에 따라 혼합경제 형태의 저밀도라는 새로운 방정식을 만들어내고 있다.

저밀도 경제 활성화의 측면으로 고려할 수 있는 사업 중 하나가 웰니스 분야다. 웰니스는 육체적, 정신적, 사회적 건강 상태를 확보하는 개념이다. 백세 이상의 삶을 살아야 하는 현대인들에게 건강한 생활이란 필수적인 요소다. 기존 웰니스 산업은 주로 의료와 관광산업, 레저 그리고 미용과 관련된 산업 형태가 많았다. 건강한 산업을 꿈꾸는 웰니스도 이제는 농촌으로 향하고 있다. 의료, 디지털, 바이오 기술과 함께 농촌의 환경, 먹거리 산업들과 만난다면 새로운 카테고리의 웰니스 산업이 생길 수 있다.

## 🍎 도시청년 시골파견제

지역경제 활성화의 대표 주역으로 손꼽는 도시청년들을 지역으로 유입하기 위해 도별로 다양한 정책을 펼쳤다. 경상북도는 청년유입정책인 '도시청년 시골파견제'를 2017년부터 시작했다. 일자리 창출과 지역활력 촉진이 목적이다. 청년의 지역정착을 위해 (사업화+정착) 지원금, 창업 컨설팅, 네트워킹 등을 지원했다. 2017년부터 시작해 2022년까지 약 400명의 청년들이 모였다. 그 중 70%가 경상북도에 산다.[31]

경상북도 의성군은 사라질 위기에 처했다. 인구가 필요했다. 청년들을 불러모으기 위해 '경북 의성에서 두 달 살아보기'로 농촌체험을 제공했다. 영농기술, 농촌 일자리 체험, 귀농인과의 교류, 농산물 유통 견학 등 다양한 프로그램을 운영했다. 또한 '이웃사촌시범마을'을 2022년까지 진행했다. 이 사업은 일자리 제공, 주거단지 조성, 생활여건 개선, 마을공동체 강화, 청년 유치 홍보 등 5개 부문을 지원했다. 80명의 청년들이 이 사업을 통해 정착했다.

전라남도는 지역주도형 청년일자리 사업을 시행했다. '전남 청년 마을로' 사업은 일자리를 찾는 청년들과 지역기반 기업을 지원했다. 마을기업에 2년간 근로계약을 체결하면 인건비, 교통비 그리고 교육비를 청년들에게 지원한다. 2년간 952명이 512개 마을사업장에서 근무하는 성과를 냈다. 시골에서 근무하는 청년들은 일의 즐거움이나 주민들과의 돈독한 관계 등 농촌생활의 매력을 언급했다.

저밀도 사회, 저밀도 경제의 중심은 두 주체, 도시인과 지역민이다. 어느 한 주체라도 존재하지 않으면 저밀도는 없다. 서로가 서로에게 필요한 존재가 되는 것, 부족한 부분을 채울 수 있게 되는 것, 도시와 농촌의 협업은 사람을 지역으로 이끌고 머물 수 있는 기회를 제공했다.

## 🍎 지속가능한 ESG 농업

ESG가 연이은 화제로 떠올랐다. 기업들은 이미 ESG 전쟁이 시작됐다. 아니, ESG를 생존의 키워드로 삼았다. 너도나도 ESG 경영을 선포하거나 관련 보고서들을 발간하고, 위원회 설치 등의 노력을 들였다. 자발적으로 움직이는 착한 기업도 있겠지만 가장 큰 이유는 투자자들과 주주들의 요구다. ESG를 잘 이행하는 기업이 실제 경영도 잘한다는 인식에서 비롯되었다.

그렇다면 ESG란 무엇일까? 기업의 비재무적 분야를 환경(Environment) + 사회(Social) + 지배구조(Governance)로 구분한 것이다. 새로운 개념이 아니다. 기존 ESG는 법률을 중심에 두고 기업과 정부 사이에 오갔던 이야기다. 지금부터는 투자자와 소통방식의 변경이라 할 수 있다.

먼저 '환경(Environment)'를 살펴보자. 환경은 기후변화를 가장 중요한 요인으로 꼽는다. 무자비한 경제발전은 무자비한 탄소를 배출시켰다. 그 결과 지구는 뜨거워졌고 인간에게 위협적인 존재가 되었다. 전 세계는 탄소 줄이기를 요구했다. 유럽에서는 탄소를 배출하기 위해 탄소배출권을 구매해야 한다. 비용을 부담시키겠다는 것이다. 이제는 탄소제로(탄소중립)를 잘하는 기업이 투자를 잘 받는다. 기업들은 탄소를 줄이기 위해 탈석탄화, 재생에너지 사용, 에너지 효율성 제고 등의 방법으로 노력한다.

'사회(Social)'는 주관적인 가치다. 숫자로 표현하기란 참 어렵다. 급진적 경제발전으로 사회 양극화는 연일 문제를 일으켰다. 이를 해소하기 위한 인권 경영에 대한 논의가 필요했다. 이제는 주주뿐 아니라 노동자, 소비자, 하청업자 등 두루 챙길 줄 아는 경영을 해야 한다.

'지배구조(Governance)'는 기업 투명성이다. 기업의 의사결정 과정, 인사정책, 기업구조 등 민주적이며 책임감 있게 경영활동을 수행하는가에 대한 평가 요소다. 지배구조는 외부 현상으로 남겨뒀던 환경과 사회 문제들을 포함한다. 예전에도 환경, 사회, 지배구조에 대한 이슈들은 존재했다. 하지만 모두 제각각이었다. 누군가는 챙겨야 했다. 이제는 관련 문제들을 이사회가 직접 소통하고 살펴야 할 때다. 결국엔 모든 이해관계자가 존재해야 지속가능한 경영이 이뤄진다.

농업 분야에서도 ESG의 손길이 뻗쳤다. 한국농어촌공사는 '농어촌 愛 Green 가치 2030'을 제시, 2030년까지 탄소배출 264만 톤을 감축한다는 목표다. 이를 위해 생산기반시설의 재생에너지 사업을 확대한다. 전북 군산의 가력도에 친환경 풍력단지를 조성해 운영한다. 또한 전국 511개 농업용수 공급지역을 대상으로 기후변화 취약성 평가 실시와 기후환경영향 평가제도를 도입함으로 제대로 농업 온실가스를 줄이고자 노력한다.

한국농수산식품유통공사(aT)에서도 'ESG경영 선포식'을 온라인을 통해 개최했다. aT는 안전한 먹거리에 집중했다. 환경부문에서 탄소저감을 위한 친환경 농산물 유통기반 강화, 온라인 직거래 유통 활성화, 비축폐기물량 퇴비화, 음식물쓰레기 절감 캠페인 등을 제시했다. 사회부문에서는 농식품바우처, 임산부 꾸러미 등인 먹거리 기본권 보장이다. 또한 밀과 콩 자급률 제고, 국제 곡물 네트워크로 식량안보체계 구축 등을 언급했다. 지배구조부문은 공공데이터 공유 및 국민과의 활발한 소통이다.

농협금융은 'ESG트랜스포메이션 2025'로 정했다. 국내외 석탄 발전소 건설에 대한 신규 투자를 중단하고 그린·디지털 뉴딜과 연계한 투자에 대해 계획을 세웠다. 'NH 특화 ESG투자'로 친환경 스마트팜 농가, 친환경 유통 가공업체 등의 농식품 기업에 대한 금융지원을 확대한다.

 탄소저감을 위해 활발히 논의되는 부분은 신재생에너지다. 대표적인 신재생에너지로 태양광과 풍력을 들 수 있다. 에너지로 활용하기 위해서는 시설 설치를 위한 넓은 공간이 필요하다. 도시보다 지가가 저렴한 농어촌지역 개발 및 투자가 확대될 것이다. 하지만 해당 지역에 사는 농민들의 입장은 다소 부정적이다. 지역주민 중심이 아닌 외부인 위주의 투자는 환경오염과 난개발로 인한 농촌경관 훼손에 대한 우려가 크다. 그리고 주로 외부인들의 돈벌이로 지역주민들에게 돌아오는 이익은 없거나 적었다. 농촌지역 태양광 보급사업의 활성화를 위해 우선 주민들의 적극적 참여가 필요하다. 이를 위해 주민들을 포함해 수익공유 방안, 에너지 전환 필요성에 대한 교육, 이해당사자(지자체, 공무원, 지역주민 등) 간 활발한 소통이 필요하다.[32]

 ESG는 필요하다. 지속가능한 농업을 위해 필요하다. 하지만 가뜩이나 높아지는 농가경영비에 영향을 미칠까 우려된다. 정밀농업을 통해 적절한 투입재 사용이 현재 과도해진 투입재(농약, 비료 등)의 거품을 빼줄 수 있을 것이다. 이미 스마트팜 1세대에 적용된 기술이다. 적정한 투입재 사용이야말로 탄소저감뿐 아니라 토지, 물, 자연을 살리는 길이다.

 농업 분야에서도 탄소저감을 위해 생산, 유통, 소비까지 전

과정을 고민해야 한다. 생산활동으로 탄소를 줄이는 방법은 신재생에너지 사용, 적절한 양의 투입재 사용, 에너지 절약, 논물 관리 등이 있다. 또한 유통에서는 탄소발자국을 소비와 연계해 줄이는 방법이 있다. 바로 농업인은 지역으로 농산물을 유통하고 소비자는 지역 농산물을 구매하는 것이다. 생산자의 배송거리 단축과 포장재 사용 절감을 통해 탄소저감 운동을 실현할 수 있다.

## 🍎 스마트농촌으로의 변화

요즘 산업혁명은 디지털 전환이다. 메타버스로 3차원 가상세계가 열렸다. 디지털 세상의 독립공간이다. 콘텐츠 중심의 메타버스에서 현실 데이터와 결합한 디지털트윈 세상까지 왔다. 현실과 가상세계가 같이 움직여 디지털 쌍둥이라고도 불린다. 디지털트윈은 2010년 나사에서 우주탐사 기술로 사용했다. 즉, 현실에서는 어려운 연구를 가상공간에서 진행해 결과를 예측한다. 2020년 정부가 한국판 뉴딜 종합계획을 발표하면서 '디지털트윈'을 10대 과제 중 하나로 언급할 정도로 주목받는 기술이다. 이 기술은 일상에서 사용한다. 코로나19시기 한국 잔여백신시스템이 대표적이다. 실시간 잔여백신 알람을 통해 폐기될 뻔한 백신을 살려냈다. 또한 백신이 필요한 사람은 병원 위치 확인과 백신 유무를 실시간으로 확인해 일정조율이 가능했다. 이렇게 활용한 기술은 비용과 시간 절감에 유리하다.

싱가포르 정부는 도시 전체를 복사해 3D로 만들었다. '버추얼 싱가포르'다. 디지털트윈 기술을 활용해 스마트시티로 만든 것이다. 스위스 국제경영개발연구원에서 진행하는 세계 스마트시티 평가에서 3년 연속 1위를 차지한 싱가포르다. 버추얼 싱가포르는 가상 플랫폼으로 스마트 국가 건설을 위해 교통, 환경, 도시계획 등 다양한 분야에 사용했다. 원격장치로 공공건물의

버추얼 싱가포르(출처: KBS 뉴스)

냉난방 작동은 물론 건물 엘리베이터 작동, 로봇 호출도 가능하다. 화재발생의 가상 재난상황을 대입해 연기와 불길 이동, 건물 내 인원 파악을 고려한 대피로를 도출했다. 부족한 자원 국가 싱가포르는 가상현실과 실제가 만나는 기술을 국가 전체에 적용했다. 미래 국가로 표준이 될 기회를 만들었다.

농촌에도 기회가 생겼다. 디지털트윈 기술을 농촌에 적용한다. 현재 적용하는 기술은 디지털 가상농장 데이터를 실제 농장과 연결하는 것이다. 생육환경에 필요한 데이터를 가상공간에서 볼 수 있다. 전주기에 발생하는 질병, 기후변화, 해충 등에 관한 문제 해결의 최적값을 찾는다. 디지털트윈과 농업의 만남이다. 생산량과 경영비 절감 방안을 직접 시연한다. 익히는 데 오랜 시간이 걸렸던 농업기술과 경영비 절감의 방법을 최단시간에 이끌어낸다. 농업경영 실패를 최소화한다. 문턱 높았던 농촌을 보다 유연하게 대처할 수 있다.

스마트시티는 도시문제를 해결하기 위해 나타났지만, 스마트농촌은 농촌문제를 해결하기 위해 준비한다. 전혀 새로운 것이 아니다. 사물인터넷, 인공지능, 드론, 빅데이터, 5G 등 기존 기술을 사용한다. 농림축산식품부는 '스마트빌리지 시범 조성 추진단'을 구성했다. 2019년 2개 마을을 선정했고 추가적으로 시범마을을 확대할 예정이다. 문화생활과 교육은 VR과 AR의 기술을 활용해 현실감을 높일 수 있도록, 열악했던 교통은 자율주행시스템, 공유형 교통서비스, 수요응답형 서비스로, 미래 농촌 에너지는 스마트그리드(차세대 전력망, 지능형 전력망)를 활용한 재생에너지로, 그리고 농촌 의료와 복지는 빅데이터와 원격진료로 더 나아질 농촌생활을 기대한다.[33]

스마트농촌은 미래를 위한 준비다. 결국엔 기술들이 농촌을 더 살기 편한 장소로 만들 것이다. 기술과 아이디어가 결합 중인 농촌이다. 치유농업과 스마트팜을 결합했다. 농촌 모빌리티로 불편한 운송수단 해결을 제안했다. 미디어 유통을 활용한 미디어 파머를 육성한다. 4차산업 기술들을 활용하는 스마트한 농촌생활이 준비 중이다.

스마트시티 예비 모델을 농촌에 적용해 보는 것은 어떨까? 한 전문가의 말을 빌자면 자율주행 시범사업 운영은 복잡한 도시보다 한적한 농촌이 유리하다. 자율주행 자동차보다 자율주행 농기계 적용이 쉬운 이유는 고려해야 할 요인이 적어서였다. 농촌에 신기술을 도시보다 먼저 적용하는 것이다. 미래 기술이 농촌에서 실현된다면? 귀농·귀촌을 선호하는 사람들이 줄서서 기다릴 수도 있다. 덤으로 쾌적한 자연과 신선한 먹거리로 건강도 지킬 수 있다면 누가 농촌 오기를 꺼리겠는가? 농촌에서의 스마트한 생활은 사람들을 불러 모을 것이다.

# 5장

## 소통의 장

# #5

농촌에서 소통은 어떻게 하는 것일까? 농촌은 공동체 성향이 짙다. 그래서 나를 대표하기보다 서로를 이해하는 소통이 필요하다. 기술의 발달로 농촌에서 근무하며 생활하는 사람의 수는 지속해서 늘어날 전망이다. 농촌에 살면서 농산업 분야에서 근무하거나 관련 없는 디자이너로 근무를 하더라도 농촌에 새로운 사람이 들어온다는 것은 그 사람이 속한 마을에 미치는 영향을 무시할 수 없다. 농촌에서의 사회활동은 무엇보다 주민들과의 밀접함 속에서 이뤄지기 때문이다.

특별히 농업에 종사하는 사람이라면 그 결속력은 더욱 강화된다. 한 사람이 농지를 활용해 생산활동을 한다는 것은 그 지역사회에 직접적인 영향과 더불어 주변 농가들과의 상호작용이 동시에 발생하기 때문이다. 생산뿐 아니라 판매까지도 긴밀한 관계를 유지하는 것이 사실이다. 농촌과 도시의 가장 큰 구분은 농촌이 도시보다 그 결속력이 강하다는 것이다.

현재 농업은 1차원적 생산에만 집중되기 때문에 사람에 대한 결속력이 무엇보다 강하게 나타난다. 먹거리에 대한 중요성은 인지했으나 농업계는 정부와 소비자, 기업에게 외면받아 왔던 것도 사실이다. 농업은 보호를 받아야 할 대상이지 갇혀 지내야 할 산업이 아니다. 기후위기, 해외 농산물 개방, 병충해의 공격, 불안정한 농산물 가격… 기존 농업인들은 힘들었지만 버텨내고 있다. 그래서 지금의 농촌을 후배 농업인들에게 물려줄 수 있게 되었다.

이제, 농촌은 변하고 있다. 그 중심에 스마트함을 가진 젊은이들이 서 있다. 다양한 기술로 인한 농산업 발전, 데이터 현장 적용의 활성화, 도시 삶을 통한 소비자 맞춤 아이디어 등 젊은이들로 인해 농촌은 긍정적으로 변하고 있다. 그리고 농업 농촌을 지키기 위한 정부와 지자체의 노력, 새로운 산업을 발굴하고 있는 기업들, 국산 농산물 활용에 애쓰는 국민의 마음이 모여 농촌은 한 공간에서 벗어나 새로운 구성원들과 현재와는 전혀 다른 모습의 협력시대를 맞이하게 될 것이다.

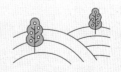

# 정부와 기관들의 관심을 받자

　농촌은 청년이 고프다. 청년들이 지역으로 돌아와주길 절실히 기다린다. 농촌에 아무런 연고가 없는 사람이 터전을 내리기란 쉽지 않은 일이다. 정부와 지자체는 이미 청년들의 불편함을 알고 있다. 그래서 도시에 살던 청년들이 농업에 종사하거나 창업을 위해 농촌으로 향하면 다양한 지원제도를 활용할 수 있다. 청년들이 농촌에서 그들의 꿈을 마음껏 펼쳐보기를 간절히 바란다.

## 🍎 청년농·스마트팜 소개받자

농촌으로 청년들을 적극적으로 유치하고자 정부에서 내세운 대표적 지원정책은 농림부 주관으로 진행되고 있는 '청년농업인 육성정책'이다.

청년창업농(청년후계농)은 만 18세 이상에서 만 40세 미만, 독립경영 3년 이하(경영예정자 포함)면 신청할 수 있다. 건강보험료가 일정 기준 이상을 초과하면 신청자격에서 제외된다. 독립경영 1년 차는 월 110만 원, 2년 차는 월 100만 원, 3년 차는 월 90만 원의 영농정착지원금이 지급된다. 청년농업인의 영농계획서(사업계획서)와 면접 평가를 통해 대상자를 확정한다. 신청은 농림사업정보시스템(agrix.go.kr)에서 할 수 있다. 자세한 정보는 농림축산식품부 홈페이지(www.mafra.go.kr)와 각 시·군·구 청년농 육성 담당부서에서 확인 가능하다.

농협창업농지원센터(nhparan.nonghyup.com)는 청년농부사관학교를 운영한다. 모집대상은 만 39세 이하 창농 희망자이며 자부담 교육비는 100만 원이다. 모집인원은 기수별 50명으로 총 6개월간 진행한다. 교육은 이론 144시간, 실습교육 560시간으로 총 704시간이다. 농업이론, 영농기술, 현장실습, 창농준비 과정을 거친다. 이 사업에서 지원받을 수 있는 혜택은 드론 또는 농기계 국가자격증 취득, 정부인증 귀농교육 이수증, 기숙사 및 식비다. 졸업 후에는 농산물 판로, 금융, 가공공장 등을 지원한다.

청년농 신청 나이가 조금 지났다면 후계농업경영인을 알아볼 수 있다. 이는 청년창업형후계농과 중복신청은 할 수 없다. 지원 가능한 신청나이는 만 18세에서 만 50세 미만이다. 그리고 영농에 종사한 경력이 없거나 독립경영 10년 이하여야 한다. 농업관련학과나 농업계 고등학교, 시장 등이 인정한 농업교육기관 교육 이수자 등 신청 시 필요한 조건과 사업체 경영자(일부 조건에 한해서는 가능), 상근 직원으로 매월 급여 받는 자, 대학교 재학생(온라인 강의 위주일 시 가능) 등 신청불가 조건을 미리 확인해야 한다. 선정 시 시설 설치, 농지 구매 등 생산기반 조성비용을 최대 5억 원 이내 연 1.5%(고정금리)로 융자를 받을 수 있다. 대출기간은 5년 거치 20년 원금균등분할 상환이다. 신청은 시·군별 농업기술센터로 문의할 수 있다.

〈표 6〉 청년농 지원제도

| 지원명 | 지원내용 | 지원대상 | 기타 |
|---|---|---|---|
| 청년농업인 육성정책 | 독립경영 1년차는 월 110만 원, 2년차 월 100만 원, 3년차 월 90만 원 지급 | ① 사업 시행년도 기준 만 18~40세 ② 독립경영 3년 이하(독립경영 예정자 포함) | 농업기술센터 지역별 시군구 청년농 육성 담당 부서 |
| 청년농부 사관학교 | ① 드론 또는 농기계 국가자격증 취득지원 ② 다양한 사후관리 지원 ③ 기숙사 및 식비 지원 | 만 39세 이하 창농 희망자 | 농협창업농지원센터: 031-659-3621, 3623 |
| 후계농업 경영인 | 생산기반 조성 비용 최대 5억 원 이내 연 1.5% 융자 | ① 만 18~50세 미만 ② 독립경력 10년 이하 | 시·군별 농업기술센터 |

스마트팜에 대한 지원은 어떨까? 스마트팜 혁신밸리는 총 4개권역(경북 상주, 경남 밀양, 전북 김제, 전남 고흥)에서 진행한다. 2023년은 보육센터별 52명씩 총 208명의 인원을 선발했다. 선발대상은 전공과 관계없이 스마트팜 영농기술을 배우고자 하는 청년들이며 만 40세 이하다. 수료자들에게는 우수자를 대상으로 임대형 스마트팜 입주(최대 3년) 우선권을 준다. 그리고 교육 수료자를 대상으로 청년농업인 스마트팜 종합자금대출 신청자격이 부여되며 농림수산업자신용보금기금 보증에도 우대를 받게

된다. 사업신청일 기준 미취업자만 가능하며 총 20개월 동안 교육 받는다. 주요 교육품목은 딸기, 토마토, 파프리카 등이며, 사업평가는 적격심사, 서류심사, 면접심사 순으로 진행한다. 지원서는 스마트팜코리아 홈페이지(www.smartfarmkorea.net)를 통해 온라인으로 접수한다. 자세한 준비서류 및 일정은 스마트팜 콜센터로 문의할 수 있다.

그 외에도 ICT 융복합 확산-스마트팜 시설보급 지원사업이 있다. 원예분야, 과수분야, 축산분야에 지원하며, 환경과 생장관리, 정보분석에 필요한 컨설팅과 시설을 제공하고 있다. 농업경영정보를 등록한 농업인·농업법인·생산자단체일 경우 신청 가능하다. 이 사업은 사업예정지인 시 혹은 군의 농정과로 신청한다. 지원범위는 국비, 지방비며 당연히 자부담도 존재한다. 해당 정보의 세부내용은 스마트팜코리아 홈페이지(www.smartfarmkorea.net)에서 참조할 수 있다. 그 외에도 농림축산식품 사업 시행지침서를 통해 농업에너지이용효율화사업, 시설현대화사업 등 농업에 종사하는 농업인들을 위한 정부 사업들을 확인할 수 있다.

**〈표 7〉 스마트팜 지원내용**

| 지원명 | 지원내용 | 지원대상 | 기타 |
|---|---|---|---|
| 스마트팜 혁신밸리 | ① 임대형 스마트팜 입주(최대 3년) 우선권<br>② 농업종합자금 대출 신청자격 부여<br>③ 청년후계농 선발시 가점 부여<br>④ 실습비(최대 70만 원/월) 지원 | 만 40세 이하 | 스마트팜 콜센터: 1522-2911 |
| ICT 융복합 확산 – 스마트팜 시설 보급 지원사업 | 환경과 생장관리, 정보분석에 필요한 컨설팅과 시설 제공 | 농업인·농업 법인·생산자 단체 | 시·군의 농정 과 문의 |

## 🍎 배우고 싶으면 여기로

내가 알지 못하는 새로운 분야에 도전하기 위해서는 끊임없는 교육이 필요하다. 교육을 통해 내 농업은 더 많은 분야와 연결됨을 알 수 있다. 귀농·귀촌에 성공했다는 사람들의 이야기에서 한결같이 강조하는 것이 교육이다. 지금도 그들은 끊임없이 공부하고 배우는 중이라 입 모아 말한다.

기초 농업교육을 온라인으로 학습할 수 있는 곳이 있다. 농업교육포털(agriedu.net)이다. 이곳은 농업교육의 집합체라고도 부른다. 농업역량진단으로 농업기술 지식을 평가 후 진단결과를 통해 추천 과목을 학습할 수 있다. 귀농·귀촌 교육, 원예학, 재배

학개론에서부터 무역까지 다양한 분야를 접할 수 있다. 사이트에서 오프라인 교육도 확인, 신청할 수 있다. 하지만 일부 교육은 일정 조건이 충족되어야 들을 수 있다. 이 사이트에서 수강한 과목들은 수료증을 출력 또는 수강이력을 확인할 수 있어 추후 농업부문 각종 지원사업에 제출용으로 사용할 수 있는 장점도 있다.

또한 현장실습 중심의 귀농·귀촌 장기교육도 있다. 교육대상은 만 40세 미만인 청년창업농이다. 교육기간은 최대 6개월 이내이며 총 450시간에서 1,000시간 내로 교육기관별로 상이하다. 교육장소 및 교육비는 기관별 차이가 있다. 교육비 90% 지원, 농식품부 지원사업 신청 시 교육시간을 인정받는다. 이 교육을 수료할 시 '청년농 영농정착지원사업' '귀농농업창업 및 주택구입지원사업' '스마트팜 청년창업보육' 지원 시 가점을 받는다. 교육 문의 및 신청은 귀농·귀촌 종합상담(1899-9097)에서 가능하다.

## 🍎 농업 · 농촌 소식 듣고 도전하자
### - 박람회 · 공모전

귀농과 귀촌에 대한 정보는 박람회를 통해서도 얻을 수 있다.

대표적인 박람회는 대한민국지방신문협의회에서 주최하고 농촌진흥청, 중소기업중앙회 등에서 후원하는 케이팜 귀농·귀촌 박람회(kfarm.co.kr)다. 2023년엔 '농업이 미래다'라는 슬로건으로 상반기와 하반기로 나누어 박람회가 진행되었다. 박람회는 귀농·귀촌(상담, 지원 정책, 컨설팅 등), 스마트축산(시설, 사료, 약품, 생산 등), 미래농업(스마트팜, 스마트팩토리, 도시농업), 농기계자재(경운, 정지, 수확용, 이앙, 정식, 부품 등), 6차산업(포장, 유통 및 물류, 농산물, 농식품)으로 꾸며졌다.

대한민국 농업박람회(agri-show.kr)는 농림축산식품부가 주최하고 농림수산식품교육문화정보원에서 주관하는 박람회다. 2023년 9월에는 '우리 농업의 가치와 꿈을 보다'라는 주제로 개최되었다. 농업문화관, 일자리관, K-농업관, 식량안보관, 도시농업박람회, ESG, 쌀 홍보관, 스마트농업관 등으로 부스를 운영했다. 대한민국 도시농업박람회, 농업기술박람회도 같은 장소와 시간에 개최해 많은 볼거리를 제공했다.

'2023 A farm show(창농·귀농 고향사랑 박람회, www.afarmshow.com)'는 동아일보와 채널A의 주최로 진행했으며 10회째다. 2023년 9월 초 서울 양재동 aT 센터에서 진행되었다. 귀농·귀촌관이 지자체별로 마련되었고 6차산업 특별관, 파머스 마켓을 운영했다.

귀농·귀촌 청년창업박람회(www.yfarmexpo.co.kr)도 있다. 이 박람회는 연합뉴스와 농협이 주최하고 2024년은 4월 19일에서 21일까지 수원컨벤션센터에서 진행한다. 귀농·귀촌을 희망하는 사람들에게 맞춤형 정보를 제공하고자 기획되었다. 지방자치단체 및 귀농·귀촌 관련된 기업과 기관, 청년농업인들이 부스를 운영한다.

지원사업들 외에도 청년들이 귀농·귀촌 전후로 참가해 볼 만한 공모전들이 많다. 농촌진흥청에서 개최하는 '청년 농산업 창업아이디어 경진대회'가 대표적이다. 이 대회는 청년들의 농산업 분야에 대한 관심도를 높이고 농업·농촌의 인재양성 취지로 마련되었다. 참가대상은 청년농업인(영농종사 또는 2024년도 예정 청년농업인, 만 40세 미만)이다. 공모 분야는 신기술 융합, ICT 활용, 벤처창업, 가공·관광이다. 대상에 선정된 지원자에게는 농촌진흥청장상과 부상(150만 원)이 지급된다.

청년창업농 선정자 중에서 참가할 수 있는 공모전은 '청년창업농 영농정착 우수사례 수기 공모전'이 있다. 이 공모전은 우수사례집으로 만들어져 배포된다. 대상은 농림축산식품부 장관상 및 상금을 받는다. 그 외에도 농식품 아이디어, 국민 제안, 농촌 사진 공모전, 지자체별 다양한 공모전이 매해 진행되고 있으니 참고하길 바란다.

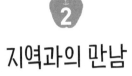

# 지역과의 만남

농업과 농촌에 대한 정보들을 먼저 접하고 그 다음 본인의 장단점을 파악하자. 그래야 나에게 맞는 지역을 선정하기 훨씬 수월하다. 무엇보다 우리는 농촌에 대해 정보 비대칭 문제에 직면해 있다. 농촌에 대해서 아는 게 너무 적다. 그래서 농업과 농촌에 관해 공부해야 한다. 농촌에서 살려고 하면 가장 필요한 게 무엇일까? 우선, 주거지가 가장 큰 문제였다. 도시보다 농촌은 집 구하기가 쉽지 않았다. 또한 돈벌이를 위한 생계수단, 그리고 문화생활을 누릴 공간인 쉼터가 중요했다. 즉, 농촌에서 먹고 살고 놀 수 있는 다양한 정보가 필요했다.

## 🍎 미리 경험하고 미리 배우자

귀농·귀촌을 하기로 마음을 먹었다면 우선 귀농·귀촌 종합센터의 종합상담코너를 활용하면 좋다. 온라인상담, 전화상담 그리고 방문상담이 가능하다. 그리고 지역별 농업기술센터의 귀농·귀촌부서에 상담받고 가능한 지원사업(지역별로 상이)에 대한 문의도 잊지 말자.

귀농·귀촌 종합지원센터 홈페이지가 '그린대로'로 변경되었다. 귀농·귀촌과 관련된 정보를 한번에 볼 수 있다. 오프라인 교육은 그린대로로 신청, 온라인 교육은 농업교육포털로 곧장 이동해 활용할 수 있다. 이 홈페이지를 통해 귀농·귀촌에 대한 기본적인 정보를 얻을 수 있다. 각 지자체에서 실시하고 있는 귀농·귀촌 정책도 검색할 수 있다. 귀농닥터라는 제도를 활용해 교육생으로 신청하면 1인당 연 최대 8회의 멘토링(농업, 축산, 임업 분야 귀농, 생활, 농업경영 등)을 지원받는다. 다양한 분야로 지원이 가능하니 필요한 부분을 최대한 고민해 멘토를 선정하는 것도 좋은 방법이다.

어느 정도 귀농에 대한 계획을 세웠다면 이젠 농촌에서 살아보자. 그린대로 홈페이지에서 신청 및 정보를 확인할 수 있다. 농촌에서 살아보기는 도시인이 직접 농촌에 살면서 농촌 일자리와 생활을 체험하고 주민들과 직접 만나 성공적인 귀농·귀촌을 하도록 제안된 프로그램이다. 귀농형, 귀촌형, 프로젝트형으로 구분한다. 참가대상은 다른 지역 거주 도시민(만 18세 이상, 프로젝트형은 청년)이며 지원내용은 임시 주거 및 연수비, 프로그램 등이다.

이처럼 농촌에서 살아볼 기회가 많아졌다. 그만큼 농촌생활을 희망하는 도시인들의 수요가 늘고 있다는 증거다. 예전엔 참 많이도 부딪쳤다. 농촌과 도시는 많이 달랐다. 각자 이해하기 어려운 상황을 맞닥뜨린 경우도 많았다. 공동체 성향이 짙은 농촌주민들과 개인적 성향이 강한 도시주민들과의 만남은 충돌의 연속이었다. 하지만 시간은 흘렀다. 부딪침만 존재한 건 아니었다. 그 안에 정이 있었다. 서로를 향한 이해의 마음들이 움직이기 시작했다. 바쁨으로 인해 주변을 신경을 쓰지 못했던 도시인과 함께하지 않으면 살기 힘든 농촌의 여건을 향해 서로를 바라보기 시작했다. 함께하니 깨닫게 된 것이다. 낯선 지역에서 살아간다는 것은 쉽지 않다. 서로를 알아야만 문을 열 수 있다. 닫힌 문을 억지로 열면 부서진다. 가족도 싸우는데 살아온 환경이 전혀 다른 남인데 오죽하겠는가? 농촌살기 프로그램을 통해 도시주민과 농촌주민의 정이 다시 한번 보듬어지길 기대해 본다.

도·시별 특성에 따라 교육 운영체계 및 기관들이 상이하다.

단기간에 귀농·귀촌의 전체적인 맥락을 확인할 수 있는 교육 방식과 추가 교육을 필요로 하는 농업인을 대상으로 장기간 수업을 하는 등 다양한 방식으로 진행한다. 개인의 선호도에 맞는 지역을 찾아 최대한 많은 교육에 참여하고 많은 사람을 만나볼 수 있기를 바란다. 함께하는 동료가 생겨날 수도 있고 새로운 주민을 만날 수도 있다. 그리고 운이 좋다면 든든한 평생 멘토를 만날 수도 있다.

## 🍎 머물고 일할 정보 얻기

농촌과의 만남이 익숙해질 무렵, 우리는 살 곳과 일하기 위한 장소를 마련해야 한다. 농업에 종사한다고 가정을 했을 시는 더 중요한 사안이 될 것이다. 부동산에 좋은 땅이 나올 리는 만무하다. 좋은 땅은 지역 농가들이 이미 사고팔았다. 땅과 집을 구하기 위해서는 주변 농가에서 정보를 구하는 게 가장 현명한 방법이다. 하지만 낯선 이에게 고급 정보를 선뜻 넘겨주지는 않는다. 어느 정도 유대관계가 있을 시에 유용한 방법이다. 내 땅 고르기가 막막할 때 차선의 방법으로 다음 사이트들을 추천한다.

농촌의 빈집과 매물 가능한 농지를 확인하기 위해 한국농어촌공사 '농어촌알리미(www.alimi.or.kr)'와 '농지은행(www.fbo.or.kr)'

사이트를 활용할 수 있다. 농어촌알리미는 농업통계를 통해 귀농·귀촌하고자 하는 위치 정보를 확인할 수 있다.

'토지이음(www.eum.go.kr)'으로는 토지이용규제서비스를 확인할 수 있다. 이 홈페이지를 활용하면 땅, 임야, 농지, 논, 밭, 산지 등의 정보를 얻을 수 있다. 또한 도면서비스, 법령 그리고 지번을 입력하면 토지사용제한 혹은 토지사용범위를 확인할 수 있다. 아무런 정보 없이 땅을 구매했다가 낭패를 보는 순간이 있다. 집을 짓기 위해 구매한 땅인데 토지용도가 농지로만 묶인 경우도 있고, 농지로 구입했으나 축사, 공장 지역으로 규정되어 계획했던 용도로 활용하기 힘든 난처한 상황이 벌어질 수 있다. 토지이음은 구입하려는 토지에 법적 제약을 간략하게 파악할 수 있는 유용한 서비스이다.

농업에서 물은 생명과 같다. 땅 아래 있는 물을 확인할 수 있다? 없다? 있다! 바로 잘 정비해 놓은 GIS 서비스를 활용하는 것이다. '국가지하수정보센터(www.gims.go.kr)'는 토지행정구역의 지하수 정보를 제공한다. 지하수용도, 하루 사용 가능한 지하수량, 양수능력 등의 정보를 확인할 수 있다. 선택한 작물에 필요한 물의 양을 계산해 용수공급능력을 어느 정도 필요로 하는지와 해당 지역은 충분한 농업용수를 공급할 수 있는지를 미리 파악하는 것이 가능해졌다.

땅 아래 물길을 알 수 있다면 토지상태 역시 확인할 수 있다. 바로 '흙토람(soil.rda.go.kr)'이란 홈페이지다. 농업을 경영할 때 토양특성에 적합한 작물재배 정보를 제공하기 위해 만들어졌다. 농작물의 토양적성등급은 토질뿐 아니라 배수등급, 자갈 등 개별 요인과 주변환경에 따라 4단계로 구분한 적합도를 확인할 수 있다. 개인 토지의 토양분석 및 비료사용처방서도 의뢰 가능하다. 내 땅에 대한 정확한 토지측량이 필요할 경우 한국국토정보공사의 '지적측량바로처리센터(baro.lx.or.kr)'를 활용할 수 있다. 일정 비용을 지출하면 내 땅 면적을 측량해 준다.

아는 것이 힘이다. 나의 20대는 나그네 삶이었다. 예전에는 무작정 부딪혀서 고생 끝에 배우는 게 참된 교육이라 여겼다. 일부는 맞을 수도 있다. 하지만 굳이 사서 고생을 했고 버리지 않아도 될 시간을 날려버렸다. 시간은 한정되어 있다. 잘만 활용했더라면 더 나은 사람이 되었을 텐데 하는 아쉬움도 있다. 덜 고생하기 위해 공부한다. 제대로 배우기 위해 공부한다. 그리고 내가 배운 것을 혹은 배워야 할 것을 정비한 뒤 현장의 배움터로 학습범위를 넓혀나가자. 과정이 중요시되는 배움은 내 성장을 위한 새로운 투자처이다.

# 창업과 농업의 연결고리

얼마 전부터 '창농'이라는 단어가 쉽게 눈에 띄었다. 창농은 창조농업 혹은 농촌창업이다. '창조'의 의미는 농업의 새로운 가능성을 그리고 '창업'은 다양한 비즈니스 모델의 확장 가능성을 제시한다. 농업을 경영하는 사람은 농업경영인이라 불린다. 기존 농업은 문턱이 참으로 높았다. 정보도 거의 없었다. 심으면 다 될 줄 알았던 농사가 생산량도 생김새도 내 뜻대로 되지 않았다. 농업인들은 삶이라는 '경험'으로 또는 '감'으로 농촌 비즈니스를 운영해 갔다.

비즈니스 세계는 참으로 빠르게 변했다. 디지털시대가 도래했고 비대면 시대 속도는 더 빨라졌다. 농업인들도 더이상 감으로 농업을 운영하기엔 한계에 부딪혔다. '감'과 '체험'이라는 강력한 무기가 '데이터'로 변하고 있는 시대가 된 것이다. 그래서 농업과 창업은 서로 한 선상에 놓여 보완해 가야 한다.

농업은 기존 사업모델과는 많이 다른 점이 있다. 바로 공공재 성격이다. 다른 산업보다 농업으로 인해 얻게 되는 사회적 편익이 높다. 그리고 생명이 존재하는 필수재다. 농업의 특수성은 살려야 하지만 비즈니스 트렌드를 완전히 무시할 수도 없다. 농업도 사업이다. 농업인들은 농산물을 팔아서 농촌의 장소를 활용해서 돈을 벌기 때문이다.

## 🍎 창업지원 받고 시작하자

창업의 관점에서 농업을 바라보면 우리가 준비해야 할 것이 사업계획서다. 시장에서 필요로 하는 농산물, 농식품은 어떤 것인지를 고민해야 한다. 내 상품이 중요하다고 아무리 외쳐도 아무도 거들떠보지 않는다면 수익이 전혀 없기 때문이다.

농촌 사업가로 살기 위해 농촌으로 왔다. 내 사업에 대한 정의부터 시작했다. 2021년 4월 예비창업패키지를 도전했다. 비록 낙방은 했지만, 덕분에 나만의 사업계획서가 생겼다. 2022년 새롭게 정의한 사업으로 창업중심대학 예비창업패키지에 도전했다. 예비창업패키지와 창업중심대학은 모두 예비창업자에게 사업화 자금과 창업 교육 및 멘토링을 제공한다. 차이점은 사업지원 시기다. 예비창업패키지가 1개월 빨리 지원공고가 났다(추후는 시기가 비슷할 수도 있겠다). 지원대상은 창업 경험이 없으며 본인 명의 사업자등록증이 없는 자다. 최대지원금액은 1억 원(평균 5천만 원)이라고 하지만 지역별 선정순위에 따라 지원금은 차등 지급한다. 이 사업은 '창업지원포털(www.k-startup.go.kr)'에서 확인 및 지원할 수 있다.

예비창업패키지 후속 지원 사업으로 손꼽히는 '초기창업패키지'도 있다. 신청자격은 창업 3년 이내 기업으로 개인과 법인 모두 포함한다. 지원금액은 총 1억 원이며 평균 기업당 7천만 원 정도다. 예비창업패키지와 동일하게 서류평가와 대면평가로 이뤄진다. 청년들을 위한 창업학교라 불리는 '청년창업사관학교'도 있다. 대상자는 만 39세 이하, 창업 3년 이내 기업이다. 중소벤처기업진흥공단에서 전담하며 창업공간, 기술지원, 사업지, 정책사업 등 종합연계방식으로 지원한다.

2021년 실전창업교육을 통해 셀레늄·게르마늄 쌀을 생산했다. 나는 2단계까지 선정되어 시제품 사업비로 패키지 비용, 소비자 테스트 배송비로 활용했다. 210명의 소비자에게 제품을 전달했고 총 100개의 설문지를 회수했다. 맛에 대한 평가는 긍정적이었다. 소비자들을 설득할 수 있는 것이 필요하다. 연이어 창업중심대학 예비창업패키지 사업에 도전했다. 해당 사업비로 판로개척을 위한 박람회 참가, 온라인 홍보, 제품 개발비로 사용했다. 지원사업 활용의 장점은 짧은 시간 내 제품을 만들고 평가해 볼 수 있다는 것이다. 단점은 결제서류 준비와 (무조건 이수해야 하는) 수업들로 많은 시간이 소요된다는 것이다. 각자 여건에 맞게 사업을 진행하는 것을 추천한다.

한국관광공사에서 주관하는 '관광벤처사업 공모전'도 농촌사업과 연계 가능한 지원사업이라 생각한다. 이 사업의 목적은 관광분야 창업활성화다. 다른 산업과 융합해 관광의 카테고리를 넓히자는 취지다. 농촌을 관광자원화 해볼 수 있는 기회다. 지원 분야는 주로 사업화자금, 교육과 멘토링 그리고 홍보와 판로개척이다. 지원자격은 관광분야 예비창업자, 초기기업(~3년 미만), 성장기업(3~7년)이며, 모집유형은 관광체험 서비스, 실감형 관광콘텐츠, 관광 인프라, 관광 핀테크 분야다.

창업진흥원에서 주관하는 지역기반 '로컬크리에이터 활성화 사업'도 있다. 지역의 환경, 문화적 자산을 바탕으로 사업적 가치를 만들어내는 로컬크리에이터를 지원하는 사업이다. 지원자격은 예비창업자 또는 7년 이내 창업기업이다. 2023년엔 지역기반 로컬크리에이터 활성화지원 사업으로 협업프로젝트를 모집하기도 했다.

## 🍎 창농도 지원받자

농업 분야의 창업지원은 농업기술실용화재단에서 확인할 수 있다. 이 중 농식품 벤처육성지원사업은 농식품 분야의 유망한 기술 기반의 (예비)창업기업을 대상으로 사업화 자금과 컨설팅을 지원한다. 매해 창업 진행 여부를 평가해 최대 5년까지 지원한다.

농업정책보험금융원이 주관하는 '농식품 크라우드 펀딩 활성화 사업'에 지원할 수 있다. 이는 농식품 기업의 창업 초기 필요한 자금을 확보하기 위함이며 농식품 크라우드 펀딩 플랫폼, 현장코칭, 컨설팅 비용, 수수료 등의 지원을 받는다. 지원대상은 농촌, 농업, 식품 기반 농식품 기업 또는 예비창업자다.

농업기술실용화재단의 '농식품 판로지원사업'도 있다. 이는 농식품 분야 벤처·창업 기업들의 판로확보 및 유통채널 입점 지원이 주 목적이다. 농식품 분야 7년 이내 창업기업을 대상으로 지원한다. 이 외에도 다양한 창업지원사업의 공고 및 지원신청은 창업지원포털에서 확인할 수 있다.

농촌은 우리에게 먹거리를 생산하던 공간이었다. 치열한 도시생활에 갇혀지낸 사람들에게 농촌은 주말 동안 치유를 위한 장소, 놀거리를 위한 장소, 휴양을 위한 장소 등 도시가 주지 못하는 것들을 채워나갔다. 즉, 사업화의 다각화를 꿈꾸는 공간으로 발전하고 있다. 농촌도 이제는 시대를 이끌어갈 힘이 생겨나기 시작한 것이다.

〈표 8〉 창농부문 지원사업

| 사업명<br>(전담기관) | 지원내용 | 지원대상 |
|---|---|---|
| 농식품 벤처육성지원사업<br>(농업기술실용화재단) | 사업화자금 지원 | 농식품 분야 예비<br>창업자 및 창업기업 |
| 농식품 크라우드 펀딩 활성화<br>사업(농업정책보험금융원) | 농식품 크라우드 펀딩 전용 플랫폼 구축<br>및 운영, 1:1 컨설팅 지원, 플랫폼 수수료<br>지원 등 | 농식품 분야 기업 및<br>예비창업자 |
| 농식품 판로지원사업 | 온·오프라인 운영매장 및 기획전 추진<br>등 판로지원 | 7년 이내 창업기업 |

기술발달로 갖춰야 할 인프라가 많아졌다. 농업경영인들에게 생산비 절감이 필수적 요소가 될 것이다. 현재 소규모라는 제약성을 뛰어넘기 위해 특화작목 단지 형성, 작목반 중심, 지역 농협 중심 등 지역 내 연합을 통해 규모를 확대하고 있다. 기존

농업은 인력 부족, 규모화하기 힘든 경향성이 높았지만 스마트 팜은 규모화할수록 비용을 절감할 수 있다. 현재의 농업구조와는 전혀 다른 방식으로 변화할 것이다. 현재 스마트팜이 갖춰진 농가들은 지금의 어려움을 잘 버텨낸다면 기업농으로 발전할 가능성이 크다고 생각한다.

농촌은 이제부터 도약이다. 기술 인프라가 형성 중이며 디지털 사용이 자유로운 젊은 층들이 유입되고 있다. 창업에 관한 관심은 늘었지만 농촌을 목표한 창업자는 극히 드물었다. 이제는 대한민국 청년들의 똑똑한 아이디어가 창조농업을 이끌 시간이다. 우리는 항상 받아들이기에 급급했다. 하지만 어느새 음악에서, 영화에서, 음식에서 한류를 맞이하고 있다. 이제는 농업의 혁신을 통해 대한민국의 젊은 농업·농촌 기업가들이 새로운 해외 사례의 주인공이 되길 바란다.

# 그리자, 나만의 농촌을

    사람들은 각자의 이유로 농촌을 향한다. 어떤 이에게는 인생의 고단함을 다독거려줄 휴식의 공간으로, 또다른 이에게는 제2의 인생으로 살아야 할 새로운 직장의 모습으로 그리고 누군가에게는 단순하게 '꿈의 장소'이다. 나는 미래를 아름답게 피워낼 공간으로 농촌을 선택했다.

    농업과 농촌은 나에게 다양한 의미를 전달했다. 어린 시절 친구들과 함께한 기억을 담게 해준 소중한 '추억'의 터전이었다. 그리고 힘들고 속상한 나를 꼭 안아줬던 '치유'의 공간이었다. 20대의 방황했던 나를 다시 서도록 '용기'를 북돋아줬다. 30대인 지금은 발빠른 변화 속에 융합이라는 새로운 비전을 보여준

'도전'의 장이다.

내가 그리고자 하는 농촌은 이렇다. 사람이라는 향기가 마음껏 뿜어져나오는 곳이길 바란다. 다함께라는 참된 가치가 이뤄지는 곳이길 바란다. 경쟁 때문에 내 삶이 너무 고단함에 찌들지 않길 바란다. 돈이 없어서 굶지 않길 바란다. 주변의 새소리, 개구리 소리, 곤충들의 소리가 정겨운 곳이길 바란다. 사람의 가치가 회복되는 공간이길 바란다. 가장 아름다운 향기가 사람내음이라는 것을 피워줄 그런 곳이길 바란다.

농촌은 '같이'다. 그렇게 살아온 삶이다. 기술의 발달로 언제까지 '같이의 가치'가 유지될지 모르지만 그래도 어울리며 살아가는 공간이 농촌이다. 최근에 행복했던 기억은 부모님과 이웃집 어르신들과 함께 쌀 패키지를 포장했을 때다. 익숙지 않던 스티커 작업에 늦은 시간까지 잔업을 했지만 함께여서 감사했고 한참을 같이 웃어댔다.

많은 이들은 꿈을 꾸기 위해 도시로 향했지만 결국엔 바쁨과 경쟁이라는 고단함에 옭아매진 삶이 전부였다. 가족과 제대로 식사 한 끼 먹는 것이 힘들어졌다. 요즘은 정신과 마음을 치료하기 위해 병원을 가야 한다. 진정으로 내 고민에 귀기울여줄 수 있는 사람이 없다. 그렇지 않다고 했지만 늘 똑같은 일상만 반복하다 내 청춘은 그리고 내 일생은 사라져만 갔다. 삶은 더불어 살기다. 혼자서 살기는 너무 힘들다. 융합의 또다른 말은 함께다. 섞임이다. 이제는 경쟁보다 각자가 잘할 수 있는 방식으로 힘을 합치길 원한다.

대기업은 40대 후반이면 은퇴 준비를 한다. 주변 지인들이 그랬다. 그렇게 열심히 했는데 남은 게 없고 또다시 일할 거리를 찾아야 한다고 했다. 언제부터인지 한 직업으로는 먹고살기가 더 힘들어졌다. 반면, 농촌은 앞으로 직업군이 더 다양해질 것이다. 콘텐츠가 너무 다양하기 때문이다. 초기에는 많이 힘들 것이다. 청년들이 살아왔던 도시의 삶과는 전혀 딴 세상이기 때문이다. 하지만 고된 현재를 버텨내고 내가 그릴 농촌을 찾아내기만 한다면 먹고살 걱정은 미래의 도시에서보다 덜할 것이다.

나도 준비했다. 농촌에서 먹고살 거리를 준비했다. 창업이라는 방식으로 내 삶을 풀어냈다. 실전창업교육, SNU 해동 스타트업, 여성벤처창업케어프로그램, IP 창업 Zone, aT 수출현장코칭 등 다양한 창업교육을 진행했다. 2021년엔 아버지와 나노유기셀레늄·게르마늄농법에 대한 국내 특허를 완료했다. 2021년 10월엔 셀레늄·게르마늄 함유 쌀로 시제품을 출시했다. 2022년도엔 미국, 베트남, 중국, 일본, 유럽에 국제특허를 냈다. 2022년 창업중심대학 예비창업패키지에 합격해 패키지 제작, 온·오프라인 홍보 활동, 함유량 테스트 등 다양한 활동을 벌였다. 2022

년 부산국제식품박람회에 출전해 전기밥솥을 들고 갔다. 우리 쌀은 다르다는 자신감이었다. 다행히도 소비자평가는 대합격이 었다. 아이까지도 좋아하는 밥이었다. 그래서 아이 엄마는 기꺼이 지갑을 열었다.

2023년 초 드디어 농촌으로 아예 돌아왔다. 할 거리가 많았다. 한국농업방송 〈나는 농부다〉에 출연했다. 셀레늄 초당옥수수도 출시했다. 그리고 청년창업농도 되었다. 경남웹툰캠퍼스 지원으로 지역 작가와 함께 농촌을 배경으로 '농촌댁시골살이' 웹툰도 제작했다. 밀양시 청년농업인 4-H 회원이 되었다. 상남 농협 조합원이다. 경남 스마트팜 혁신밸리 4기 수강생으로도 교육중이다. 엄청나게 바빠졌다. 하지만 기분은 좋다.

앞으로 계획은 지역주민들과, 농업인들과 지속적으로 함께 할 거리를 만드는 것이다. '농부로' 홈페이지를 통해 지역농가 농산물도 함께 판매하고, 함께 농촌의 이야기도 들려주고, 함께 즐길 거리도 만들 계획이다. 농촌은 누군가에게는 지루하게 느껴질 수 있겠지만 내게는 할 게 차고도 넘치는 공간이다. 너무 많다.

농촌은 우리가 원하는 무엇이든 그려낼 수 있는 곳이다. 공간이라는 커다란 캔버스만 우리에게 제공할 따름이다. 농촌은 사람이 귀해지고 있다. 그래서 나와 내 삶, 내가 부여하는 모든 가치를 콘텐츠화 할 수 있다. 나 자신을 농촌에서 그려낼 자신이 있는가? 그렇다면 언제든지 농촌으로 향해도 좋다. 하지만 아직 정확하지 않다면 선배 농가와의 만남으로, 농촌살이 체험으로 더 많은 배움과 채움을 얻도록 하자. 내가 살아갈 공간인 농촌이 또다른 이들에게 희망의 공간으로 변할 수 있다면 이만큼 즐겁고 행복한 일이 있을까? 농촌은 우리가 모두 그려내기 나름이다. 단지, 그려줄 누군가를 찾고 있을 뿐이다.

# 참고문헌 및 자료

1. 양서영, 〈청년실업률 악화 원인 및 시사점〉, Weekly KDB Report 이슈브리프(2018.7.9), KDB 미래전략 연구소

2. 마상진 외, 〈농업혁신주체 청년 농업인, 어떻게 육성할 것인가?〉, 농업전망 2018, 한국농촌경제연구원

3. 김수경 외, 〈스마트농업과 변화하는 비즈니스 생태계〉, ISSUE MONITOR 제125호, 삼정KPMG 경제연 구원

4. 박지연 외, 〈제6장 농업의 미래, 디지털농업〉, 농업전망 2021, 한국농촌경제연구원

5. 여현, 〈해외 농업 빅데이터 활용 현황〉, 세계농업, 2019.6월호, 한국농촌경제연구원

6. 신동철, 〈일본의 농업 빅데이터 활용 현황〉, 세계농업, 2019.7월호, 한국농촌경제연구원

7. 농림축산식품부·한국농수산식품유통공사, 〈미국 4차산업 혁명에 따른 농업 제조공정의 변화 및 사례〉, 2019년 해외 이슈조사 보고서

8. 김용렬 외(2019), 〈5G 시대, 농업·농촌의 변화〉, 한국농촌경제연구원

9. 연구개발특구진흥재단, 〈농업용 인공지능(AI) 시장〉, 2020.2

10. 7번과 같은 자료

11. 김태곤 외, 〈농업의 6차 산업화 개념설정과 창업방법〉, 2013.9.5, 한국농촌경제연구원

12. 송미령 외(2013), 〈농촌의 일자리 창출 사례 78선〉, 한국농촌경제연구원

13. 김광선 외(2019), 〈농촌 활성화를 위한 창조계층 활용 방안〉, 한국농촌경제연구원

14. 13번과 같은 자료

15. 박성주 외, 〈해외 스마트팜 활성화 사례〉, Weekly KDB Report(2020.11.23), KDB 미래전략연구소

16. 15번과 같은 자료

17. 김수경 외(2019), 〈스마트 농업, 다시 그리는 농업의 가치사슬〉, ISSUE MONITOR 제119호, 삼정KPMG 경제연구원

18. 김연중 외(2016), 〈스마트 팜 운영실태 분석 및 발전방향 연구〉, 한국농촌경제연구원

19. 김연중, 〈4차 산업혁명 대응 스마트팜 기술 및 정책 동향〉, 융합연구리뷰 March vol.4 no.3, 2018, 융합 연구정책센터

20. 농림축산식품부·농림수산식품교육문화정보원, 〈팜스마트해지다〉, SMART FARM MAGAZINE 2019

21. 농림축산식품부·농림수산식품교육문화정보원, 〈팜스마트해지다〉, SMART FARM MAGAZINE 2020 농림축산식품부·농림수산식품교육문화정보원, 〈스마트팜 축산의 미래를 키운다〉, 축산 스마트팜 우수농 가 사례집 2019

22. 이강오(2019), 〈즐거운 농업의 시작, 스마트팜 이야기〉, NEXENMEDIA

23. 이윤정, 〈네덜란드의 사회적 농업: 치유농업을 중심으로〉, 세계농업 제195호, 2016, 한국농촌경제연구원

24. 농촌진흥청 코피아, 〈2018 해외농업 기술개발사업 KOPIA 주요성과〉, 2019

25. 농림축산식품부·한국농수산식품유통공사, 〈포스트 코로나 시대 농식품 수출 유망 품목〉, 2020.11

26. 농촌진흥청 농사로, 〈향긋한 향을 가진 샤인머스캣 포도로 해외시장 공략〉, 농업정보포털 영농기술, 2018 수출농업 우수사례

27. 김효정 외, 〈프리미엄 식품 매장에서의 소비자 체험에 대한 탐색적 연구: SSG 푸드마켓을 중심으로〉, 소비자학연구 Vol.28 No.3(2017)

28. 성주인 외, 〈제2장 농촌정책의 새 지평, 농촌 재생, 코로나19 이후 농업·농촌의 변화와 미래〉 농업전망 2021(제1권), 한국농촌경제연구원

29. 마상진 외(2021), 〈제2차 귀농·귀촌 지원 종합계획 수립 방향 연구〉, 한국농촌경제연구원

30. 정도채 외(2019), 〈저밀도 경제 기반의 농촌산업 활성화 방안〉, 한국농촌경제연구원

31. 〈'청년·인구·경제' 문제 해결하는 "도시청년 시골파견제"〉, 지방공기업 2022년 가을호

32. 김연중 외(2018), 〈농촌 태양광 보급의 문제점과 개선 방안 연구〉, 한국농촌경제연구원

33. 김연중 외(2018), 〈제4차산업혁명 시대의 농업·농촌 대응전략 연구(2/2차년도)〉, 한국농촌경제연구원

## 기타 자료

〈[CES 2023] "알아서 잡초 뽑고 씨앗도 심는다" … '존디어' 신기술 탑재 무인 트랙터 선보여〉, 2023.1.7, 아주경제

〈농어촌 75% 지역에 5G 공동망 구축 … 상용화 2단계 돌입〉, 2023.6.20, 전자신문

〈의성 ㈜젠틀파머스, 중소벤처기업부 '올해의 로컬크리에이터' 선정〉, 2020.12.26, 경북일보

〈굼벵이와 함께 재기 성공한 청년 농부의 귀농 이야기〉, 2019.7.26, jobsN

〈국내산 유기농 야채 들어간 건강 먹거리로 반려동물 건강 챙기세요〉, 2021.1.5, 푸드경제신문

〈성공 스토리. 치즈맛 두부 생산 '푸루향' 김민수 대표〉, 2019.5.5, 중부매일

〈국산 콩으로 만든 커피 선보인다〉, 2019.7.23, 경남도민신문

〈국내산 콩 섞인 카페인 없는 커피 즐겨 보세요〉, 2020.10.5, 부산일보

〈반전 없는 곡물자급률 … 세계 최하위 수준〉, 2023.6.8, 농민신문

〈[지금은 청년농부 시대] '사각사각' 차가운 군고구마 '겨울 간식' 공식 깨다〉, 2019.7.31, 농민신문

〈버려지던 고구마 잎과 줄기에 기능성 성분 듬뿍〉, 2019.6.29, 연합뉴스

〈[기획] 청년농부들의 '오 마이 農 라이프~④ 가업을 잇는 감동 농사 윤영진 믿음영농조합법인 대표〉, 2017.9.26, 농수축산신문

〈강진군 믿음영농조합법인 버섯스낵, 건강간식으로 소비자 이목 사로잡아〉, 2020.9.21, 현장News

〈[新농업인열전⑥] 농업에 디자인 쉽게 접목, 디자인 영농 구현〉, 2017.7.19, 이코노믹리뷰

〈와디즈 펀딩 최다 실적, 승전보를 올려라!〉, 2021.2, topclass

〈투자자에 농산물로 보상 … NH투자증권, 농식품 크라우드펀딩 2만 명 이상 참여〉, 2023.2.12, 조선비즈

〈농튜브 채널 구독자 16만 명, 농작물 내놓기만 하면 완판〉, 2020.10.30, 매일경제

〈급격한 기후변화에 쑥쑥 크는 스마트팜 … 2026년 글로벌 44조 원 시장〉, 2023.8.5, 서울경제

〈국내 '3세대 스마트팜' 진입 코앞, 무인·자동화 성큼〉, 2020.7.13, 농민신문

〈[농정기획] 스마트팜 혁신밸리사업, 찬반 논쟁② 어떤 문제점이 있나〉, 2018.8.17, 농축유통신문

〈[SPECIAL] 자동화로 생산량을 높이는 회훼 스마트팜 영농인〉, 2020.5.8, 한겨레

〈[아이엠파머] '삼성맨'이었던 청년, 스마트팜으로 '워라밸'하다〉, 2019.3.12, 신아일보

〈2018 젊은 농어업인들의 희망보고서 14편, 로즈팜 김학현 대표〉, 2018.11.25, 문화뉴스

〈경북도, '농업용 드론 경북도내 농업현장 곳곳 누빈다'〉, 2020.9.9, 데일리대구경북뉴스

〈경북도, '농촌유휴시설 활용 창업지원사업' 선정〉, 2021.2.3, 환경일보

〈김익환이 만난 혁신 기업가(16) 만나CEA, 박아론·전태평 공동대표〉, 2020.5.23, 중앙시사매거진

〈진천군, '23년 행안부 청년마을만들기 공모사업 '만나CEA' 선정〉, 2023.4.13, BreakNews

〈원예와 심리치료가 더해진 치유농업 들어보셨나요?〉, 2019.3.18, 그린매거진

〈[지금은 청년농부 시대] 농촌체험에 캠핑 더하니 '핫플레이스'〉, 2019.6.5, 농민신문

〈변화와 기회의 땅 몽골에 경북형 선진 농법 전파~〉, 2018.5.23, 문화매일신문

〈미국 냉동 김밥 돌풍 … '생산능력 열배 늘린다'〉, 2023.12.3, 한국경제

〈생으로 먹는 국산 파프리카, 중국인 눈귀 사로잡았다〉, 2021.6.7, 한국농어민신문

〈전용기까지 타는 '귀하신 몸' … 심상치 않은 동남아 '딸기 한류'〉, 2021.2.25, REAL FOODS

〈수출통합조직, 코로나 위기를 기회로 … 발 빠른 선박·항공기 수출 이끌어〉, 2021.6.15, 한국농어민신문

〈[시론] 수출통합조직 발전 방향〉, 2020.12.1, 농수축산신문

〈개발한 건 일본인데… 韓 샤인머스캣, 베트남 중국서 인기폭발 왜?〉, 2021.5.27, 매일경제

〈[모닝] 샤인머스캣 7년새 24배로… 토마토보다 많이 심는다〉, 2023.9.11, 조선일보

〈주목, 한국의 고부가가치 농식품(39) 삼남매농원〉, 2021.3.9, 한국농어민신문

〈베트남, '生生 세계식품시장 르포' 웨비나 참관기〉, 2020.9.1, Kotra 해외시장뉴스

〈[기고] 도축 과정 없는 고기 '대체육'의 미래〉, 2023.8.2, 식품음료신문

〈배양육, 마침내 식품 승인받았다. 싱가포르서 시판〉, 2020.12.3, 한겨레

〈버거킹에 '임파서블 와퍼'가 있다면 맥도날드엔 '맥플랜트'가 있다〉, 2021.2.13, 동아사이언스

〈식용곤충 성장, 친숙한 제품과 인식 전환이 관건〉, 2021.5.16, 대한급식신문

〈황금씨앗 시대… 국내 종자산업의 현주소〉, 2019.5.16, 농기자재신문

〈롯데마트, K품종 육성해 우리 농산물 홍보까지〉, 2021.5.28, 매일경제

〈담양, 등록외국인 '1천 명' 넘어서나〉, 2019.12.16, 담양뉴스

〈식탁 위 팬지·루꼴라… 특수채소 주연됐네〉, 2020.4.5, 서울경제

〈특수채소, 넌 어느 별에서 왔니〉, 2019.1.18, 조선일보

〈[기획] 실버푸드·대체육·식품업계 '필승공식' 부상〉, 2023.10.17, 매일일보

〈의성군 청년정책 다양한 성공사례 '큰 반향'〉, 2021.5.24, 경북일보

〈농촌 마을에 활력 '전남 청년 마을로 프로젝트' 호응〉, 2020.9.27, 전북일보

〈농업현장에 부는 'ESG열풍' … '녹색·포용·투명' 농가 일군다〉, 2021.4.5, 머니투데이

〈aT가 그리는 ESG는 '안전한 먹거리'〉, 2021.5.2, 한국농정신문

〈"농협이 곧 ESG"… 15,6조 투자, 친환경·디지털 농가 일군다〉, 2021.2.17, 서울경제

〈'가상현실 싱가포르'가 현실의 태풍·홍수 재난 막는다〉, 2023.4.4, 한겨레

농림축산식품부 식량정책과, 〈양곡자급률 및 품목별 자급률(2011~2021년 양곡연도)〉, 2023.8.21

농림축산식품부 보도자료, 〈농업 혁신성장, 스마트팜이 선도한다 – 제5차 경제관계장관회의에서 "스마트팜 확산 방안" 발표〉, 2018.4.16

농림축산식품부 보도자료, 〈2020년 농식품 수출액 역대 최고인 75.7억 불 달성〉, 2021.1.6

농림축산식품부 보도자료, 〈튼튼한 식량안보, 미래성장산업화' 기반 다진 1년, 농업·농촌 혁신 속도 낸다!〉, 2023.5.8

농촌진흥청 보도자료, 〈미래 먹거리, '아열대작물'로 대비한다, 기후변화 대응 아열대작물 50종 도입·20종 선발… 재배기술 개발·보급〉, 2017.8.31

농림축산식품부 보도자료, 〈농업인단체와 국산종자 유통 활성화에 힘 모은다〉, 2022.11.26

〈청년 농부들, 교류 통해 특수채소 특화 성공〉, KBS뉴스, 2021.4.24

〈사별한 며느리, 미안한 시어머니〉, EBS 다문화 고부열전 TV, 2020.4.9

〈농업이 미래다#2. 세계가 러브콜하는 한국 농업〉, 부산MBC, 2019.9

〈(신선부문 우수상)2021 수출농업 우수사례 경진대회_서화파프리카수출단지〉, 농사로

〈ESG 경영포럼〉, 2021 서울대 증권금융연구소, 2021.6.7

〈디지털트윈 메타버스 그리고 3차원 공간정보가 나아갈 길은?〉, KTV 국민방송, 2023.3.24

〈나는농부다 120회. 그 남자 그 여자의 속 빨간 사과 농장〉, NBS 한국농업방송

통계청 kostat.go.kr

국립국어원 www.korean.go.kr

한국은행 www.bok.or.kr

한국농촌경제연구원 www.krei.re.kr

농업정책보험금융원 www.apfs.kr

스마트팜코리아 www.smartfarmkorea.net

드림뜰 힐링팜 dreamtt-farm.com

청년키움식당 The 외식 www.atfis.or.kr

지리산피아골식품 www.jiripia.kr

농촌진흥청 코피아 itcc.rda.go.kr

농림축산식품부 www.mafra.go.kr

농촌진흥청 국립원예특작과학원 과수생육·품질관리시스템 fruit.nihhs.go.kr

농업기상재해 조기경보시스템 agmet.kr

탄소중립 정책포털 www.gihoo.or.kr

국립종자원 www.seed.go.kr

디지털예산문화대전 yesan.grandculture.net

밀양농업기술센터 www.miryang.go.kr/agr

농촌진흥청 www.rda.go.kr

국립한국농수산대학교 www.af.ac.kr

aT(한국농수산식품유통공사) www.at.or.kr

농협(농업협동조합) www.nonghyup.com

그린대로 www.greendaero.go.kr

믿음윤 trustyoon.modoo.at

## 🍎 돈 벌러 농촌으로 갑니다

초판 1쇄 펴낸날 2024년 1월 25일 | 지은이 강윤영

펴낸곳 굿인포메이션 | 출판등록 1999년 9월 1일 제1-2411호

펴낸이 정혜옥 | 편집 연유나, 이은정 | 영업 최문섭

사무실 04779 서울시 성동구 뚝섬로 1나길 5(헤이그라운드) 7층

전화 02)929-8153 | 팩스 02)929-8164 | 이메일 goodinfobooks@naver.com

ISBN 97911-91995-11-4 03320

□ 이 도서는 한국출판산업진흥원의 '2023년 중소출판사 출판콘텐츠 창작지원사업'의
  일환으로 국민체육진흥기금을 지원받아 제작되었습니다.
□ 잘못된 책은 본사나 구입하신 서점에서 바꾸어 드립니다.

굿인포메이션(스쿨존, 스쿨존에듀)은 작가들의 투고를 기다립니다.

책 출간에 대한 문의는 이메일 goodinfobooks@naver.com으로 보내주세요.